W0330440

Interruption

Sandra Vizzavona

Interruption

Stock

Couverture : Julia Bourdet

ISBN : 978-2-234-09011-8

© Éditions Stock, 2020

« Non tu n'as pas d'existence
Tu n'es que ce qu'on en pense. »

Anne Sylvestre
Non, tu n'as pas de nom

« Mais même après la disparition des choses, la nuit en reste pleine. »

Virginia Woolf
Mrs Dalloway

Je suis la preuve qu'un avortement peut provoquer l'indifférence ou une déflagration.

Je suis la preuve qu'un même corps peut vivre deux fois ce même événement en mobilisant de façon totalement différente la tête qui le surplombe ou les émotions qui l'animent.

Je suis la preuve qu'il peut occuper vingt ans ou les seules semaines nécessaires à son accomplissement.

Qu'il peut être l'unique issue ou simplement permettre d'attendre un meilleur moment.

Alors, j'ai été lasse des discours péremptoires et fermés sur les raisons pour lesquelles les femmes devraient y avoir recours et sur ce qu'elles devraient ou non ressentir à son occasion. J'ai été lasse et j'ai eu envie d'écouter certaines d'entre elles raconter ce qu'elles avaient vécu en refusant d'admettre que d'autres parlent pour elles.

Ma préoccupation n'était pas le droit à l'avortement mais le droit à la parole de celles qui l'ont expérimenté.

Détachée de la fragilité du premier, je ne pensais pas avoir à livrer de bataille pour défendre le second.

Je me trompais.

J'ai tout d'abord rencontré un adversaire inattendu, d'autant plus fort qu'il n'était qu'une abstraction : cette figure sacralisée de la femme avortée contrainte au silence et à la malédiction du chagrin.

J'ai immédiatement eu affaire à elle lorsque j'ai demandé à mes proches s'ils avaient des amies qui avaient vécu des IVG et qui accepteraient de me rencontrer. Réaction quasi unanime, sauf chez les plus intimes : « Je n'ose pas aborder le sujet, ça a dû être dur, je serais étonnée qu'elle ait envie d'en parler. »

Sans même être interrogée, l'amie était muselée.

Nombre d'entre elles ont pourtant été bien soulagées d'être enfin entendues. Sans redouter de déranger. De gêner. Ou même de choquer.

Comme pour bien d'autres sujets qui touchent au féminin, quand il s'agit d'avortement, la parole est si peu libérée, si peu banalisée, qu'il semble impossible d'évoquer une expérience personnelle sans qu'elle soit chargée d'un propos qui la dépasserait.

Si moi, Sandra, je raconte qu'il me fallait avoir un enfant pour digérer un avortement vécu dans mon adolescence, alors je véhicule l'idée qu'il serait nécessaire de se réparer après une IVG et que la maternité serait une solution. Je n'ai pas le droit de ne parler que pour moi. J'embarque les autres femmes, j'implique d'autres corps que le mien.

Pour ne pas avoir à m'en défendre, il ne me reste qu'à me taire.

Mais il y a pire, et si j'ai ressenti une véritable peur à l'idée d'exposer celles qui ont avorté à plusieurs reprises à des attaques trop virulentes et d'alimenter, avec leurs témoignages, les arguments des opposants à l'IVG, c'est bien que, sournoisement, implicitement, nous sommes également intimidées.

Le droit à l'avortement est inscrit dans la loi depuis quarante-cinq ans mais son exercice doit toujours être discret, si ce n'est secret.

La loi nous autorise à avorter, la société nous empêche d'en parler, ou alors elle nous impose de nous positionner, de militer.

Bien sûr, beaucoup de femmes n'ont pas envie de se confier; leur IVG est une expérience éminemment intime, souvent difficile, qui n'a pas à déborder au-delà d'elles ou de leurs familles.

Mais nous sommes également nombreuses à nous plier à cette loi du silence, malgré nous, parce que la gêne et la culpabilité sont toujours là ; nous y sommes assignées et nous nous y soumettons.

Ce droit est fragile et son histoire s'accompagne du chant lancinant d'un retour en arrière qui demeurera toujours possible.

La rédaction de cet ouvrage m'a cependant convaincue qu'il ne cessera jamais de l'être si nous n'assumons pas pleinement d'y recourir comme bon nous semble, et si nous pensons le protéger en faisant profil bas, laissant alors au passage certains professionnels de la santé nous malmener.

Ce travail et ces réflexions m'ont ainsi menée vers ce drôle d'objet, mélange de témoignages qui m'ont été confiés et d'une quête personnelle qui m'a transformée.

Ce sont quelques histoires d'interruption.

Douloureuses ou anodines. Singulières.

Une interruption aussi je l'espère, quand bien même furtive, du silence, de la honte et de la colère.

I

Mon ventre s'arrondit depuis bientôt cinq mois et les insomnies commencent. Que se passe-t-il à 4 heures du matin pour que, systématiquement, je me réveille à cet instant précis ? Est-ce mon corps qui tient à me prévenir que je ne dormirai jamais plus sur mes deux oreilles et qui me prépare ainsi à la fatigue ?

Est-ce la même pensée sournoise qui s'introduit nuit après nuit dans mon sommeil, s'échappant au moment même où elle l'interrompt, me laissant ahurie et agitée, alors que le silence règne autour de moi ?

Laurence nous a invités à Spetzes pour le mois d'août et je ne dors pas. Je ne peux pas fumer pour tromper mon ennui alors je regarde les bougainvilliers du jardin, ces fleurs aux couleurs flamboyantes dont la vue me ramène instantanément vers la terre rouge d'une Afrique où j'ai grandi par intermittence.

Dans la solitude des nuits blanches qui se succèdent, je me souviens et je me lance. Cette histoire commence à Abidjan.

Je viens d'avoir seize ans. On m'a enlevé depuis peu les bagues qui m'empêchaient de sourire librement, mon corps s'est épanoui et j'ai suivi le mouvement. La métamorphose s'est opérée en un été et je découvre que je plais aux garçons. Je m'y entraîne et m'en amuse. Avec délectation.

Je ressens violemment l'hostilité de ma mère vis-à-vis de cette transformation qui a dû se faire trop rapidement pour qu'elle l'admette. Plus tard, je comprendrai qu'elle n'a pas eu le luxe d'une adolescence et qu'elle est simplement incapable de faire face à cet animal évaporé qui ne s'intéresse qu'aux sorties, aux copines et aux garçons.

Pour l'instant, je n'y vois que de la dureté et une incompréhension totale de ma génération. Il faut dire qu'elle en est particulièrement éloignée, elle qui ne conçoit pas que l'on puisse sortir en boîte de nuit ou prendre la pilule avant dix-huit ans et qui n'a eu que mon père dans sa vie.

La mienne sera bien différente et je le sais déjà, j'ai hâte.

Je rencontre un garçon, un deuxième, j'ai mes premiers flirts.

La famille redéménage en Afrique après quelques années parisiennes et je découvre les joints, les bandes de copains et les surfeurs. Je fais le mur pour danser à Treichville et boire du Malibu, cet écœurant fléau qui s'est abattu sur les adolescentes de mon âge.

Je suis heureuse et, ignorant que je ne le serai plus jamais pleinement, je suis légère et insouciante.

Dans ma tour d'ivoire, aucun de mes actes n'a jamais porté à conséquence et je ne l'envisage même pas.

Puis vient ce jour où je me demande à quand remontent mes dernières règles.

Dans un premier temps, je balaie cette question tant elle me semble improbable, fantaisiste même. Mais les semaines passent et les règles ne viennent pas.

Premier test de grossesse. S'ensuivra une longue série au cours des vingt-cinq prochaines années : l'inquiétude variera, le verdict imploré également.

Pour l'heure, il est positif. Vertige, angoisse, solitude. Je prends conscience de ma fertilité comme d'une porte en pleine gueule.

Dans le même temps, derrière la panique qui s'empare de moi, pointe la fierté de me sentir femme, véritablement. Dans quelques années, je me détesterai d'avoir pensé cela et je serai révoltée par cette idée selon laquelle la féminité pourrait être liée à la maternité ou à l'enfantement.

Je n'ose pas me confier, sauf à une amie qui m'emmène voir un sorcier. Il me conseille de boire pendant deux jours une tisane au goût amer, dont je prétends auprès de mes parents désabusés qu'elle fait maigrir. Rien d'étonnant pour eux, mon apparence physique étant depuis des mois mon principal, voire unique, sujet de préoccupation.

J'ai aussi lu quelque part qu'il est possible de décrocher la « chose ». Alors je saute, toute la journée.

Je n'y gagne que crampes d'estomac et courbatures.

Après quelques jours, ma mère trouve dans la poche arrière de mon jean le résultat de la prise de sang que j'avais laissé traîner. Premier acte manqué mémorable de mon existence.

Mes parents me rassurent en me disant que je ne suis pas la première jeune fille à laquelle « cela » arrive et que l'on va s'en « occuper ».

Personne ne me demande ce que je ressens, ce que j'en pense, ni ce que je désire faire. Personne ne prononce les mots. Pas même moi.

M'accorder voix au chapitre semble parfaitement inconcevable, et je suis loin d'imaginer que je ne digérerai jamais entièrement cette omerta qui me rendra désormais inacceptable la moindre décision que l'on tenterait de m'imposer.

Cela ne simplifiera pas mes relations futures. Et dans tous les domaines…

Rendez-vous est pris chez un gynécologue. Je me souviendrai toute ma vie y être allée vêtue d'un débardeur couleur saumon et d'une salopette en jean.

Ai-je inconsciemment envie de signifier que je sors à peine de l'enfance ou ce choix est-il celui d'un vêtement que portent souvent les femmes enceintes ? Quand j'attendrai ma fille, ce sera la première chose que je prétendrai vouloir acheter. Mais je ne le ferai jamais.

Hôpital, anesthésie, aspiration: tout s'enchaîne comme dans un nuage de fumée. Je n'arrive pas à m'exprimer, ni même à penser. Je me soumets.

Comme il n'est pas question que l'on me laisse en avoir un, c'est moi que l'on traite comme un enfant pour lequel on décide ce qui est bien et ce qui ne l'est pas, sans rien lui demander, sans rien lui expliquer.

Solitude, solitude, solitude. Je comprends immédiatement à mon réveil que je viens de vivre ma première épreuve fondamentalement intime et personnelle, de celles qui n'appellent aucune consolation. Je perçois qu'elle aura des retentissements qu'il m'appartiendra seule de digérer et d'apprivoiser. C'est dans mon corps que tout cela s'est passé.

Silence aussi. Le mien qui me brûle la gorge mais que rien n'interrompt; celui de mon père qui prononcera ces mots en me ramenant à la maison:

« Nous n'en parlerons plus » ; celui de ma mère qui n'évoquera jamais l'événement, ni le jour même ni ceux d'après. Celui-là me tétanisera des années, je penserai qu'elle a honte de sa fille dévergondée, puis il me révoltera lorsque je comprendrai qu'elle est tout simplement incapable de parler. Elle ne sait pas faire, personne ne lui a appris. Elle semble d'ailleurs si peu consciente de cette infirmité que le jour où j'arriverai enfin à lui reprocher son mutisme de l'époque, elle se réfugiera derrière sa « pudeur ».

Sa génération ne partage pas les douleurs intimes, la mienne le fera trop, racontant tout et à tout le monde, étalant ses photos pour un oui ou pour un non.

Ce cadavre restera dans notre placard. Peut-être est-ce d'ailleurs ce qu'elle ressent sans le formuler. Catholique et pratiquante, doit-elle transiger avec ses convictions pour assumer cette décision prise afin de ne pas risquer de gâcher ma vie ?

Quoi qu'il en soit, nous ne crèverons pas l'abcès et, lorsque je serai enceinte plus de vingt ans plus tard, l'adolescente fautive qui voit le jour ce printemps de mes seize ans et dont je ne me débarrasserai probablement jamais, appréhendera de lui annoncer la nouvelle pourtant tant attendue.

Car c'est bien ce sentiment que je ressens et qui perdurera : celui d'avoir fauté.

Mais comment expier si je ne sais pas quelle est ma faute ? Dans quelque temps, désireuse de me débarrasser de cette question encombrante, je déciderai de m'y attaquer.

Était-ce d'avoir couché uniquement par curiosité, par défi ? De n'avoir pas su éviter cette grossesse ? Ou bien l'acte d'avortement en lui-même ?

Ce sentiment de culpabilité avait-il été insufflé par l'« étouffement » de cette IVG ou mon procureur intérieur avait-il fait le boulot tout seul ? Et dans ce dernier cas, comment ce salopard avait-il réussi à s'imposer de la sorte alors que je savais, et n'en douterais d'ailleurs jamais, que rien de ce tout cela n'était condamnable ?

Après quelques années d'introspection tarifée, tantôt allongée, tantôt face à face, j'arriverai à comprendre l'évidence : le grand responsable, c'était le silence.

Car c'est bien lui qui a posé sur mes épaules d'adolescente docile le manteau de la culpabilité. D'abord lourd et encombrant, je le transformerai en une armure redoutable, capable, contre vents et marées, de tenir à bonne distance la peine et la colère. Mais que de temps perdu à ne pas avoir eu entièrement et frontalement accès à ces émotions, si ce n'est pour de fausses raisons, des broutilles, à jouer avec brio le rôle de l'hystérique, l'incontrôlable. Quelle supercherie.

Le silence, la culpabilité : je m'en voudrai longtemps de m'être laissée prendre à leur piège, de n'avoir pas réussi à les affronter, de m'être soumise, comme si c'était inéluctable, à ce système de «pudeur» qui me révoltait mais qui m'écrasait.

Je ne m'en affranchirai probablement jamais totalement mais quelques amours et amitiés fondamentales me bousculeront suffisamment pour que je me décide à mener le combat. Celles-là, je ne voudrai pas risquer de les perdre en leur imposant ma retenue ou mon apparent détachement.

De ce long parcours, je conserverai une aversion viscérale pour tout acte d'autorité et l'amertume de ne pas avoir été associée à la décision de cet avortement. Peut-être n'aurais-je alors jamais douté que c'était bien ce que je voulais ?

Demeureront également trop longtemps ce sentiment de ne pas aimer mon corps, car il m'a trahie, et une difficulté à vivre ma sexualité simplement et légèrement, celle-ci ayant été teintée, dès ses balbutiements, des couleurs de la faute et du prix à payer.

Restera enfin cet enfant auquel je ne cesserai de penser. C'était un garçon, j'en suis sûre. Je fixerai arbitrairement son anniversaire au 16 mars, mais il ne grandira pas. Il n'aura jamais d'âge, pas de visage, pas de nom. Et pourtant il sera toujours là, un compagnon silencieux et constant. Dormant. Le seul à connaître la brèche qu'il a ouverte en moi et auquel je ne cacherai jamais la complexité de mon rapport à la maternité. Il peut comprendre.

Avec le temps, et en me faisant de moins en moins violence, je parviendrai à parler de ce moment et à le partager avec d'autres femmes.

Je découvrirai alors une multitude de discours et d'expériences que je ne soupçonnais pas et qui m'apporteront une bouffée d'air libératrice et apaisante : la culpabilité n'est pas une fatalité.

Je serai moi-même la preuve que chaque avortement est singulier puisque le second auquel j'aurai recours une dizaine d'années plus tard ne laissera aucune des traces que le premier a déjà inscrites en moi.

Lila

Sans savoir si elle tiendra, je sais la forme que je veux donner à ce livre : mon récit sera entremêlé de témoignages d'autres femmes.

J'attends que l'on se réponde les unes aux autres, que l'on se contredise pour faire émerger la diversité de nos histoires.

J'ai acheté un dictaphone, des cahiers, et un jean d'écrivain aux jambes évasées ; mes amies Annabelle et Frédérique, dans la confidence, ont mis à ma disposition la salle de réunion de leur bureau.

Pour suivre le déroulé de mon histoire, je veux commencer ces entretiens avec des adolescentes ou de très jeunes femmes.

Après avoir essuyé plusieurs refus de connaissances qui ne voulaient pas solliciter leur entourage, j'appelle Luna qui vient de passer son bac et je lui raconte mon projet.

Quelques jours plus tard, son amie Lila me téléphone. La conversation dure moins d'une minute: « Bonjour, Sandra, je voudrais vous rencontrer, mardi 18 heures, ça vous irait ? »

Lorsque j'ouvre la porte du bureau, j'ai un mouvement de recul, frappée par la beauté époustouflante de cette jeune fille aux jambes interminables. Nous passons trois heures ensemble à parler de son avortement et de son histoire.

Si Lila n'était que belle, la vie ne serait pas si injuste. Lila est réfléchie, volontaire et sensible. Elle est drôle et follement attachante.

Lila veut témoigner, elle veut raconter. Lila est en colère:

Ça m'est arrivé il y a deux ans. Je venais tout juste d'avoir dix-huit ans.

C'était au tout début d'une nouvelle relation et j'en ris maintenant parce que je trouve ça ridicule, pourtant Samuel est quelqu'un d'intelligent et de très ouvert, je suis tombée amoureuse de lui en partie pour ça, mais je ne lui ai rien dit avant que tout ne soit fini. Je ne voulais pas qu'il le sache. Je me disais qu'il me trouverait idiote d'être tombée enceinte et je ne voulais pas que ça entache l'image de la femme autonome et responsable que je sais renvoyer puisque je travaille et m'assume depuis la fin du lycée. Il aimait ça et je ne voulais pas le décevoir.

Un week-end à Biarritz, ma plaquette terminée, un jour férié en province où tout est fermé, j'ai pensé : « Ce n'est pas grave, je prendrai ma pilule après-demain. » Voilà, ça a suffi.

Ma pilule coupait presque totalement les règles, je ne me suis donc pas vraiment inquiétée de ne pas les avoir pendant plusieurs semaines. Mais, au bout d'un moment, je me suis retrouvée avec une poitrine énorme. J'ai compris qu'il se passait quelque chose d'anormal.

Ma mère est venue à Paris et m'a acheté un test. On m'avait dit qu'il était préférable de le faire avec les urines du matin alors j'ai passé une bonne partie de la nuit à regarder le sachet de la pharmacie qui me défiait avant de m'endormir d'épuisement.

Le lendemain, j'ai vu le bâtonnet et je me suis dit : « Fait chier, ça fait vraiment chier, encore un truc à gérer. »

Il était évident que j'allais avorter. À aucun moment je n'ai imaginé le garder, ce n'était même pas une option.

C'est étonnant, d'ailleurs, parce que j'ai des amies qui se sont fait avorter quelque temps après moi et, issues de milieux pourtant très traditionnels, du genre catho de province, elles ont eu la possibilité de se poser la question. Mais moi, élevée dans une famille de gauche, très ouverte, avec une mère féministe, je n'ai pas eu ce choix : chez moi, une femme intelligente ne fait pas un enfant à dix-huit ans si elle n'a pas les moyens de l'assumer correctement. Donc la chambre de bonne, les petits boulots et les castings… c'était hors de question.

Il y avait aussi la mémoire de toutes les femmes de ma famille qui s'étaient battues pour avoir ce droit-là ; je me devais d'en user, comme du droit de vote. Mais je ne regrette rien : malgré tout, c'était ce que je voulais.

J'étais déjà allée au planning familial, notamment pour des tests HIV, et j'y suis donc retournée dès que j'ai vu le résultat positif.

La première femme que j'y ai rencontrée était plutôt gentille mais complètement à côté de la plaque. Alors que je suis d'origine africaine, on me prend souvent pour une Maghrébine et là, ça n'a pas loupé. Elle m'a reçue avec un tas de clichés complètement idiots et hors sujet : à ses yeux, j'étais la fille d'immigrés qui vivait dans le tabou et venait au planning parce qu'elle n'avait pas d'autre solution… Quand je lui ai dit que le père n'était pas au courant, elle m'a tout de suite répondu : « Sinon, il voudrait le garder, bien sûr. » C'était absurde ! Mais ça m'aurait demandé beaucoup trop d'énergie de lui expliquer les choses, alors j'ai laissé couler, en attendant que ça passe.

Le surlendemain, je suis allée faire mon échographie.

Quand je suis arrivée dans le cabinet, une jeune étudiante m'a demandé si elle pouvait assister au rendez-vous. Dans ma tête, quand on montre une échographie dans un film, un médecin souriant passe un gros truc sur le gros ventre de la femme et ça s'arrête là. J'ai dit oui. Mais ça ne s'est pas du tout passé comme ça et, en guise de médecin souriant, j'ai eu affaire à une femme de cinquante ans d'une froideur incroyable: elle m'a allongée sans me regarder puis m'a auscultée de l'intérieur avec un outil de trente centimètres de long sans m'expliquer ce qu'elle faisait, ni se soucier de ce que je ressentais. Je me suis retrouvée là, sans rien comprendre, avec les pieds dans les étriers et cette fille qui me regardait comme un objet.

Au bout d'un moment, j'ai posé des questions et l'échographe m'a répondu très sèchement, du genre : « Tu me fais chier, il est huit heures du mat, j'ai pas eu mon café, vas-y, ta gueule. » Je me suis tue.

Quelques instants plus tard, elle m'a demandé de but en blanc: « Vous voulez le voir ou pas? » J'ai été vraiment surprise et désemparée. Fallait-il que j'affronte le « truc » ou au contraire que je l'ignore? Prise de court et sonnée par sa question, j'ai répondu oui et tourné la tête vers l'écran de sa machine. J'y ai alors vu un tout petit haricot sans parvenir à faire le moindre lien entre lui et moi. Je ne cessais de me répéter: « J'ai cette petite chose à l'intérieur de mon corps », mais ça ne m'appartenait pas, c'était en dehors de moi.

Je suis sortie du rendez-vous complètement hébétée, vidée. Sur le moment, je me suis dit que je devais malgré tout être touchée par ma décision d'avorter ou par le fait d'avoir vu ce haricot. Je sais maintenant que ce trouble n'était dû qu'à la dureté de cette femme que je n'arrive toujours pas à comprendre, ni à digérer.

La suite des événements n'a pas été moins révoltante et je reste, aujourd'hui encore, obsédée par cette question : « Pourquoi personne ne m'a rien expliqué ? »

J'ai pris les cachets à la clinique ; peu m'importait la douleur, je voulais que ça se passe vite et bien. Je me suis installée dans la chambre et j'ai décidé de marcher en me disant que ça aiderait. Je faisais des allers-retours dans les couloirs, je respirais, j'étais concentrée.

À un moment donné, ils ont installé une fille dans la même pièce que moi. Elle était allongée et livide, son ami lui caressait le front avec délicatesse en lui parlant doucement. On aurait dit un tableau. Elle hurlait de douleur et s'est mise à me raconter sa vie à chaque accalmie : lui turc, elle kurde, ils ne pouvaient pas vivre ensemble. Cette scène était surréaliste : j'étais en train de me vider de mon sang et j'avais face à moi Juliette me parlant de son Roméo et me demandant de la rassurer sur ce qu'elle était en train de vivre.

J'étais agacée de l'entendre crier et gémir comme ça, mais elle me changeait les idées et ça me faisait du bien de me rendre compte que je pouvais supporter cette situation en étant solide et discrète. J'ai aimé découvrir cette force chez moi et constater que je pouvais aussi aider les autres.

Au bout de quelques heures, j'ai commencé à saigner encore plus et j'ai eu envie d'être seule.

Je suis allée dans la salle de bains et je me suis mise en boule sous la douche, j'avais besoin de me sentir propre. Mon corps se vidait de choses liquides et gluantes et je pensais que ça s'arrêterait là. Mais tout d'un coup, un steak est sorti de mon ventre. J'ai encore en mémoire l'image et le bruit de ce truc sanguinolent tombant sur le carrelage froid d'une salle de bains d'hôpital. Comme une petite fille prise en faute, je me suis mise à paniquer car je n'arrivais pas à faire disparaître cette chose qui ne passait pas dans la bonde de la douche. J'étais gênée et obnubilée par l'idée qu'il fallait que je nettoie ce que j'avais fait. Et puis j'ai eu peur: on ne m'avait vraiment pas préparée, il y avait peut-être un problème. Livrée à moi-même depuis mon arrivée à l'hôpital, mon premier réflexe a été de vérifier sur Internet. J'y ai trouvé d'autres histoires de « steak ». Ça m'a rassurée.

Mon père est venu me chercher à ma sortie de l'hopital et j'ai voulu rentrer à pied, j'avais besoin de respirer.

Je suis arrivée chez moi, c'était fait.

J'ai très peu repensé à cet avortement par la suite, je ne regrette rien de cette décision, et je ne crois pas mentir en disant qu'il ne m'a pas du tout bouleversée.

La seule chose qu'il m'en reste est ce manque total d'accompagnement des médecins et des infirmières. J'étais prête à tout entendre et je pouvais me préparer à tout, mais pas à cette indifférence ni à cette froideur. Aujourd'hui encore, ça me rend complètement folle qu'on ne m'ait prévenue de rien, je trouve ça vraiment choquant.

C'est pour cette raison que j'ai eu envie de témoigner : je me suis si souvent demandé pourquoi on ne m'avait pas parlé que j'ai décidé, moi, de le faire.

Des amis m'attendent pour dîner. Je vais être en retard mais je décide de marcher jusqu'au restaurant où nous devons nous retrouver. Je veux rester avec Lila, continuer à écouter dans mon casque cette voix dont la douceur détonne avec la crudité du récit qu'elle m'a livré.

Je veux m'imprégner de sa force et de la clarté de sa pensée, apprivoiser sa colère et ne rien négliger.

Sans le savoir, et alors qu'elle est la première femme que je rencontre, Lila m'a instantanément piégée : elle veut que son témoignage existe et elle m'a bouleversée ; désormais, je ne peux plus renoncer.

Camille

Le lendemain matin, je parviens à joindre Camille dont une amie m'a donné le numéro de téléphone. Elle attendait mon appel mais elle est hésitante et veut comprendre ma démarche. Elle est triste et n'est pas sûre de parvenir à me parler. Elle doute que son histoire ait un quelconque intérêt.

Camille a vingt ans et elle a le charme attendrissant des jeunes femmes de son âge qui abritent encore l'enfant qu'elles ont été. Il se manifeste furtivement au travers d'un regard, d'une phrase ou d'un sourire gêné.

Elle me livre ce récit plein de tendresse avec la voix chancelante des souvenirs douloureux et toujours vivaces :

C'était il y a six mois, juste avant mes vingt ans. Je suis tombée enceinte de mon ami, mais ça faisait à peine un mois et demi que nous étions ensemble.

J'ai tout de suite su que j'allais avorter, je m'étais toujours dit que si je tombais enceinte avant la fin de mes études, je ne le garderais pas. Je ne peux pas m'occuper d'un enfant maintenant, c'est impossible.

J'en ai immédiatement parlé à ma mère, j'avais besoin qu'elle le sache, puis je suis allée voir ma gynécologue qui m'a prescrit une échographie et a contacté les gens du planning familial à côté de chez moi. La première consultation proposée était trois semaines plus tard, alors j'ai préféré chercher de mon côté ; je ne pouvais pas rester comme ça, à attendre, c'était au-dessus de mes forces. Il fallait que ça se fasse vite. J'ai tout de suite pris rendez-vous chez une échographe et ce moment-là, je ne pourrai pas l'oublier : quand elle a compris que je venais en prévision d'une IVG, elle ne m'a plus parlé, plus regardée dans les yeux, puis elle m'a fait une échographie interne sans me prévenir. J'ai été assez choquée car je n'avais jamais subi cet examen auparavant et je ne savais même pas qu'il existait. Ensuite, j'ai dû quémander du sopalin pour m'essuyer parce qu'elle m'avait laissé plein de gel partout, et elle m'a presque jeté le résultat à la tête avant de partir sans me dire au revoir.

Quelques jours plus tard, j'ai fini par trouver un planning familial qui pouvait me recevoir et là tout s'est mieux passé. Les gens qui m'ont accueillie étaient très impliqués, souriants et à l'écoute. Ils m'ont fait passer des examens et rencontrer un psychologue ; ils m'ont tout expliqué, notamment que j'avais le choix entre l'aspiration et les médicaments.

J'ai choisi les médicaments, c'était moins effrayant, et j'ai préféré les prendre à l'hôpital, j'avais besoin qu'il y ait des « professionnels » autour moi.

Mon ami m'a accompagnée à tous les rendez-vous et aussi le jour de l'avortement. C'était le jour de son anniversaire, bon anniversaire ! Il a été présent et calme pendant toute cette période. Rassurant. Je faisais des cauchemars toutes les nuits, des rêves d'enfants abandonnés dont il fallait que je m'occupe, de bébés jetés d'une falaise, et il était là, à veiller sur moi.

À l'hôpital, ça a été horrible. Physiquement et psychologiquement. Je ne comprenais rien et je n'avais jamais eu aussi mal de toute ma vie. On m'avait prévenue que ce serait douloureux et on m'avait bourrée de médicaments mais c'était encore plus affreux que tout ce que j'avais pu imaginer. Je faisais des allers-retours entre mon lit et les toilettes. Moins d'un mètre les séparait, mais c'était comme parcourir des kilomètres. Je souffrais et je saignais, j'avais l'impression qu'on me charcutait.

Pendant tout ce temps, je partageais ma chambre avec une autre femme qui avortait aussi sans qu'aucun rideau ne nous sépare, et elle ne semblait pas du tout vivre la même chose que moi : elle ne bougeait pas, avait préparé plein d'affaires comme si elle allait tenir un siège et ne posait aucune question. Elle était calme et stoïque. C'était vraiment très étonnant de la voir si différente de moi et je n'arrêtais pas de me demander pourquoi ça ne lui faisait pas mal. Je trouvais ça injuste qu'elle soit tranquille comme ça.

À 14 heures, ils m'ont libérée et je suis rentrée chez moi. Je n'avais rien senti partir et je me disais que, si l'expulsion avait eu lieu, c'était bizarre d'avoir vécu tout ça sans que rien ne sorte vraiment de mon corps. À part des litres de sang.

Le soir, comme c'était l'anniversaire de mon ami, nous sommes allés dîner dans sa famille. À un moment, je me suis retrouvée seule dans la cuisine avec sa nièce qui devait avoir un an. Je n'arrivais pas à la quitter des yeux. J'étais confuse et malheureuse.

Les semaines qui ont suivi ont été difficiles : j'étais dominée par le sentiment d'un grand vide, un manque de quelque chose mais sans savoir quoi, de la culpabilité mais sans savoir pourquoi. J'étais complètement bloquée sur ce seul fait : j'avais été enceinte et j'avais avorté. Je n'arrêtais pas d'y penser et d'en parler.

On ne cessait de me répéter qu'il ne s'agissait que d'un petit amas de cellules mais, pour moi, c'était beaucoup plus : c'était un petit peu de mon ami et un petit peu de moi ; alors, dans mon esprit, ça ne pouvait être que quelque chose de très joli.

C'est idiot mais j'aurais aimé, je ne sais pas... mettre en pause ce qu'il y avait dans mon ventre pendant dix ans et le retrouver le moment voulu.

Là c'est définitif, et ça me rend vraiment triste.

Camille est assise sur la chaise que Lila a occupée quelques jours auparavant. Je les imagine partager cette même chambre et s'observer, si différentes l'une de l'autre.

Je m'imagine avec elles, à seize ans. J'aurais aimé poser ma tête sur les épaules de Lila et partager mon vide et ma culpabilité avec Camille. Mais nous serions-nous comprises ?

Julie

Quelques jours plus tard, je rejoins Julie pour déjeuner comme nous le faisons presque toutes les semaines et je lui demande si elle a des amies qui ont avorté jeunes, au cours de leur adolescence.

« Mais je ne te l'ai jamais raconté ? » me répond-elle, tout en interpellant le serveur.

Je n'ai pas mon dictaphone et tente vainement d'enregistrer notre conversation sur mon téléphone cassé, pendant que Julie ne cesse de s'enthousiasmer sur la mayonnaise à la coriandre de son sandwich. Ce souvenir n'est apparemment pas de nature à troubler son appétit.

C'était il y a vingt-cinq ans.

Julie a seize ans. Ses règles ont quelques jours de retard mais elle ne pense pas une seconde être enceinte, ça ne peut pas arriver comme ça.

Elle boit un coca au drugstore avec sa copine Sophie qui lui dit en rigolant : « Allez, achète un test, on verra. » Elles gloussent comme deux enfants à la pharmacie et s'enferment dans les toilettes du bar. Julie fait pipi et attend. Elle change de couleur en voyant le test marqué d'une croix.

Surtout n'en parler à personne, ni à sa mère, trop malade pour être encombrée par ce genre de souci, ni à son père qui passe sa vie à l'engueuler pour ses mauvaises notes et ses sorties. Ce serait la connerie de trop. Elle a honte, personne ne doit savoir.

Il faut vite régler le problème, il faut que ça passe, que ça s'efface. Comme une tache sur le tapis.

Elle se débrouille pour se faire avorter sans le dire à ses parents, souffre le martyre avec la pilule abortive, puis passe à autre chose. Elle n'a pas été enceinte, ça n'a pas existé.

Quelques semaines plus tard, Julie dort chez Sophie et croise sa mère au réveil dans un couloir de l'appartement.

La seule réponse à son « Bonjour, madame », sera un « petite salope » haineux et méprisant.

Visiblement, Sophie avait parlé.

Visiblement, les 343 salopes qui avaient précédé Julie n'avaient pas tout changé.

II

Je dois avoir vingt-quatre ou vingt-cinq ans. Pour cesser de me sentir rebelle et débauchée, je vis depuis deux ans avec un homme que je n'aime pas mais qui m'assure le confort d'une vie à l'apparence conventionnelle et me rassure autant que mon entourage. Un moment de répit et de lâcheté, sans questions ni tourments. Sans saveur.

Depuis quelques semaines, je ne supporte plus ni le café ni les clopes mais je ne m'en inquiète pas. Je prends la pilule. Aucun risque.

Mais mes seins grossissent et durcissent, alors je sais. J'ai déjà ressenti ça.

J'achète un test et constate les évolutions de l'industrie pharmaceutique : ce n'est plus un tube à essai rempli d'une substance sableuse sur laquelle se dessine un cercle mais un bâtonnet blanc affichant un double trait. Soit.

Cette fois-ci, à la lecture du résultat, je ne tremble pas, je ne suis pas terrifiée, juste contrariée.

Je sais parfaitement que je ne garderai pas cet enfant, il n'en est pas question : je commence à peine ma vie professionnelle et jouis, depuis peu, de la liberté que m'offre mon indépendance financière. Je ne conçois pas une seconde d'y renoncer ni même de mettre mes projets en péril ou simplement en suspens.

Et puis, je n'aime pas cet homme avec lequel je n'envisage pas de fonder une famille, ni cette relation qui sent le sapin depuis le premier jour, malgré l'énergie que je dépense à faire croire que je m'y épanouis. Il est d'accord, lui non plus ne désire pas cette grossesse.

Je n'ai aucun état d'âme et pourtant je n'en parle qu'à peu de personnes, pressentant que certaines essaieraient de me faire douter (n'ai-je pas l'âge de fonder une famille, n'est-ce pas la plus belle chose au monde, ne vais-je pas le regretter toute ma vie ?).

Je prends immédiatement rendez-vous chez mon gynécologue. Je suis calme et déterminée et n'imagine pas être accompagnée autrement qu'avec respect et sérénité.

Je le serai avec indélicatesse et froideur.

Du côté de mon gynécologue d'abord, qui m'accueille visiblement exaspéré de voir une jeune femme de mon âge, parfaitement informée sur les méthodes de contraception, incapable d'éviter une grossesse qu'elle ne souhaite pas. Par son simple comportement, il me fait sentir qu'il réprouve cette IVG que certains qualifieront plus tard de « confort ». Élisabeth Badinter leur expliquera combien cette expression est « dégueulasse ». Merci !

Du côté de cette infirmière à l'hôpital où je prends la pilule abortive ensuite, qui me répond avec indifférence, lorsque j'ose me plaindre d'avoir mal au ventre : « Ça, ma petite, il fallait y penser avant ! »

Je m'en voudrai longtemps d'avoir été trop vulnérable ce jour-là pour lui casser la gueule.

Ni le premier ni la seconde ne prennent la peine de me prévenir que je suis susceptible de souffrir atrocement, d'avoir la sensation qu'une main pénètre mes entrailles pour les retourner et les violenter. Je ne m'y attends pas, à tel point que je crois un moment vivre de graves complications.

Personne ne m'explique, non plus, qu'il pourra ensuite être terrifiant d'attendre l'« expulsion » chez moi et de vérifier au fond des toilettes que celle-ci a bien eu lieu.

Je suis totalement livrée à moi-même et le personnel de la clinique ne cache pas son agacement. La compassion doit être réservée à d'autres situations.

Je sortirai de ces vingt-quatre heures lessivée, choquée, en colère.

Mais, cette fois-ci, malgré les regards, malgré le cynisme, ni honteuse ni culpabilisée.

Le premier avortement que j'ai subi à seize ans avait convoqué les questions de la sexualité, de la vie, de la mort, de la responsabilité. Celui-ci concerne ma liberté, mon désir, mon rapport intime à la maternité.

Je n'en éprouverai ni tristesse ni regret et, bien au contraire, il me sortira de ma léthargie et me poussera à reprendre ma vie en main, à mettre fin à cette histoire sans amour, à ces quelques années passées à côté de moi-même.

Très vite je n'y penserai plus, oubliant même la saison ou l'année où il a eu lieu.

Jusqu'au jour où, près de quinze ans plus tard, j'entendrai à la radio les résultats de la première étude menée sur la douleur ressentie par les femmes ayant subi un avortement médicamenteux. Sur une échelle de un à dix, vingt-sept pour cent d'entre elles avaient positionné leur souffrance à huit.

Tel un conditionnement pavlovien, cette information enflammera mon bas-ventre tandis que la candeur du journaliste réveillera la colère ressentie alors.

L'indifférence et la froideur que j'avais affrontées ce jour-là n'étaient donc pas isolées. Nous avions dû être nombreuses à comprendre qu'il fallait nous contenter d'un droit qui nous avait été consenti. Visiblement encore à contrecœur.

2016 sera également l'année du vaste vomi des discours d'un Trump ouvertement « pro life » et qui voudra « prendre les femmes par la chatte », des primaires de la droite lors desquelles l'IVG sera, à nouveau, un sujet central à l'occasion d'une prise de bec nauséabonde entre Juppé et Fillon, ou encore du projet de loi polonais envisageant de remettre totalement en question le droit à l'avortement et de celui, turc, permettant aux agresseurs sexuels sur mineures de voir leur condamnation annulée en épousant leurs victimes.

Née avec la loi Veil que j'avais toujours considérée comme une avancée irréversible, je mépriserai alors le confort de ma naïveté et me jurerai de garder en mémoire cette alerte prémonitoire de Simone de Beauvoir qui circule sur les réseaux sociaux : « N'oubliez jamais qu'il suffira d'une crise politique, économique ou religieuse pour que les droits des femmes soient remis en question. Ces droits ne sont jamais acquis. Vous devrez rester vigilantes votre vie durant. »

Léah

Plusieurs mois ont passé depuis mes premiers entretiens avec Camille et Lila. Le quotidien m'a rattrapée et je n'ai pas pris le temps de travailler sur ce livre.

Mais je ne cesse d'y penser, ça me manque. Alors je m'organise pour pouvoir y consacrer deux jours par semaine et j'appelle Léah.

Léah est l'une des nièces, filles ou cousines que j'ai adoré voir entrer dans ma vie au fil de mes amitiés et que j'ai regardées grandir de loin.

Nous décidons de nous retrouver quelques jours plus tard et nous partageons un croque-monsieur à une terrasse de café. Nous parlons de ses amours, de son premier boulot, de sa mère et de sa tante. Puis de son avortement :

Je devais avoir vingt-trois ou vingt-quatre ans. J'avais perdu l'ordonnance de ma pilule et j'ai donc passé un mois sans contraception avant de commencer un nouveau cycle. Avec Thomas, nous avons décidé de faire « attention », d'utiliser les techniques « à l'ancienne » : il se retirait, je comptais les jours...

Un matin, j'ai eu une terrible envie de vomir et je l'ai découvert comme ça.

Thomas était en week-end chez ses parents et j'ai fait le test toute seule le jour même, dans ma salle de bains.

En lisant le résultat, j'ai ressenti une très forte émotion. J'ai fondu en larmes. J'étais sous le choc, vide, perdue. Je me suis dit qu'on avait vraiment été idiots, je me suis sentie conne, irresponsable. De nos jours, il n'est quand même pas compliqué d'éviter une grossesse.

Je l'ai dit à Thomas au téléphone et nous ne nous sommes même pas posé la question, l'avortement s'imposait. Nous finissions nos études et j'étais sur le point de partir pour un an à l'étranger ; nous étions amoureux mais conscients que ça risquait de ne pas durer entre nous. Quand il est rentré à Paris, je savais que nous allions en parler mais je n'arrivais pas à faire une place à Thomas dans cette histoire.

J'avais beau savoir que tout cela le concernait autant que moi, je ne pouvais pas vivre cette IVG autrement que de façon purement personnelle.

Je ne lui en voulais pas mais je trouvais la situation injuste : cette connerie, nous l'avions faite à deux et j'étais la seule à la subir. C'était bien moi qui étais enceinte et qui allait me faire avorter, il n'y avait qu'en moi que cela risquait de résonner.

Tout s'est plutôt bien passé et, même si j'ai été extrêmement triste et émue, ce moment n'a pas été traumatisant.

Il n'en reste pas moins que cet avortement est un événement important de ma vie et qu'il le restera ; je ne suis pas certaine que ce soit le cas pour Thomas.

C'est pour cette raison, je crois, parce que je savais qu'il ne connaîtrait rien de ce que j'allais traverser, que je l'ai mis à distance de ce que je vivais.

Quelques mois après cet entretien, je croise Léah au théâtre. Nous sommes heureuses de nous voir et elle se réjouit d'apprendre que ce livre va être publié.

C'est drôle, me dit-elle, j'ai échangé avec Thomas cette semaine et je lui ai envoyé le texte que tu avais écrit sur moi.

Il m'a trouvée courageuse de témoigner mais a tenu à me dire qu'il avait été, lui aussi, marqué par cet avortement qui l'avait beaucoup culpabilisé envers moi.

Il attend un enfant, c'est chouette.

Jeanne

Tout comme Léah, Jeanne est la nièce d'une de mes amies proches et elle entrait à peine dans l'adolescence quand je l'ai rencontrée ; son rire et sa joie de vivre m'ont immédiatement conquise.

Il neige quand Jeanne nous rejoint dans la maison de campagne de sa tante où nous passons le week-end.

Elle passe une tête dans la chambre où je suis en train de travailler et me demande ce que je fais. Je le lui explique. Alors, elle enlève son bonnet, ferme la porte, s'installe sur mon lit et me raconte une histoire :

Il y a Jeanne et il y a *Chucky*. Elles ont trente ans.

Jeanne est joyeuse, tendre et bosseuse. Pétillante.

Chucky sort et se saoule jusqu'à ne pas savoir à quelle heure elle rentre, ni avec qui. Elle n'écoute personne, boit, fume ou sniffe sans limites, se fout de tout et de tous. *Chucky* met Jeanne en danger et ne veut pas y penser ; elle l'emmerde.

Chucky a vécu cette galère à deux reprises : son corps ne supporte pas la pilule contraceptive, elle a pris celle du lendemain mais ça n'a pas marché. Alors, elle a vite réglé le problème : un premier médecin odieux, un échographe qui sait qu'elle vient pour avorter mais lui fait écouter le cœur du « bébé », la pilule abortive dans l'avion pour Saint-Tropez, le lendemain soir en boîte de nuit. Elle n'a pas eu mal, n'a presque rien senti. Il ne s'est rien passé.

La deuxième fois, le médecin est gentil, l'échographe prévenant. Elle est rodée et prend les médicaments chez elle, avec des copines. Comme on lui a prescrit un antidouleur dérivé de la morphine, elles passent une soirée « opiacés/mojitos ». C'est quand même plus sympa que d'attendre en regardant la télé.

Jeanne sait qu'elle se fait du mal mais *Chucky* s'étourdit et la bâillonne.

Quatre ans plus tard, Jeanne est amoureuse de Christophe. Une troisième pilule du lendemain qui ne fonctionne pas, le test est positif.

Cette fois-ci, elle prend le temps d'y penser. Cette fois-ci ce n'est pas une galère, elle est enceinte et elle est triste.

Elle sait qu'elle va se faire avorter : Christophe abrite, lui aussi, un *Chucky* très puissant et leur histoire est bien trop fragile. Mais parce qu'il y a de l'amour, elle entrevoit alors les contours d'un enfant, et observe ce qui se passe en elle.

Elle se dit que ce n'est pas dramatique mais que ce qui lui arrive est sérieux.

Pour la première fois elle s'écoute, regarde ses seins et touche son ventre. Pour la première fois, elle se questionne sur ses deux premières IVG, leurs raisons et leurs effets. Elle voit la mise en danger par les excès et les rapports non protégés, la maltraitance de son corps, et des cicatrices qu'elle ne peut pas encore expliquer ni vraiment situer mais qu'elle sait bien ancrées ; des cicatrices qu'elle s'est infligé à force de ne pas trop s'aimer. Elle voit aussi une certaine inconséquence de son comportement et s'en veut. Certains pourraient y puiser des arguments contre l'IVG.

Elle a le cœur lourd mais elle est calme.

Elle va se faire avorter mais elle cesse de se fuir.

Je reste un long moment assise sur ma chaise après que Jeanne est sortie de la pièce. Je n'ai pas osé la prendre dans mes bras et je le regrette. Comment peut-on à ce point passer à côté des gens que l'on côtoie ? S'arrêter à ce qu'ils nous donnent à voir ?

La sonnerie de mon téléphone m'arrache à ces pensées.

« On dîne ensemble à ton retour ? » me demande Samia.

Samia

Je rejoins Samia vers l'Opéra. Comme nous avons toutes les deux arrêté de fumer, nous demandons des cigarettes à nos voisins et commandons deux verres de vin.

Le test de pharmacie était positif.

J'ai tout de suite senti mon corps réagir : j'étais affamée, épuisée et en même temps pleine d'énergie, mes seins me faisaient mal.

Nous n'avons pas hésité une seconde : notre histoire était en train de se terminer et il était hors de question que j'aie un enfant à ce moment-là de ma vie.

Je n'en voulais pas et ne doutais pas de mon choix alors j'ai pris rendez-vous avec ma gynéco qui m'a demandé de faire une prise de sang avant de venir la voir.

Quelques heures après l'examen, j'ai appelé le laboratoire : « Mais non, madame, les résultats sont négatifs, vous n'êtes pas enceinte. »

J'ai été terriblement triste et déçue.

C'est fou, non, d'être déçue de ne pas avorter ?

III

Trente-sept ans et pour la première fois de ma vie je suis seule, après avoir enchaîné différentes histoires d'amour, de transition, de destruction massive ou de rien du tout.

La plupart de mes amies ont désormais des enfants et, à chaque accouchement, grandit la complexité de mes sentiments à l'égard de la maternité, sujet omniprésent et oppressant. Mon sujet.

Je ne peux pas nier que la jalousie a gagné du terrain. J'envie la tendresse d'une naissance, la promesse d'un avenir ponctué d'événements joyeux, le confort de quelques certitudes, et je rentre généralement de mes visites à l'hôpital avec un lourd sentiment de solitude, me sentant vide, à la traîne, incapable de construire, de grandir.

Il faut dire que les couples dans lesquels je me suis débattue ces dernières années justifient ces pensées : rien ne m'obligeait à jouer une comédie qui ne me plaisait pas ni à aimer avec acharnement un homme malheureux dont j'étais bien la seule à imaginer qu'il voulait alors être père.

J'ai vraiment tout fait pour que *cela* n'arrive pas.

Trop soucieuse du regard des autres, je suis également particulièrement sensible à une pression extérieure que je ne fais pas que fantasmer.

Il y a ma mère dont j'ai l'impression qu'elle me regarde comme si j'étais en phase terminale d'une maladie très grave, alors que la seule affection dont je suis atteinte est le célibat à un âge menaçant pour la procréation. Je la sais animée d'un amour protecteur, persuadée que la construction d'une famille est source de bonheur, mais je ne me sens jamais aussi seule que lorsqu'elle me demande comment je vais.

Peut-être espère-t-elle aussi, avec une grossesse, effacer celle qui a été interrompue l'année de mes seize ans ? Peut-être suis-je en train de lui faire payer son silence de l'époque en lui refusant ce qu'elle attend ?

Je comprends en vieillissant à quel point je suis dure et rancunière.

Je sais depuis bien longtemps qu'elle a fait ce qu'elle a pu, mais je m'obstine à ignorer ses tentatives pour se rapprocher de moi. Elle supporte avec tendresse et persévérance ma froideur et mon ressentiment avec l'espoir que je me décide un jour à baisser la garde.

Il y a ces phrases prononcées ici ou là par des connaissances qui ne se rendent probablement pas compte de la bêtise ou de la violence de leurs propos :

– L'étroit s'étonne : « Mais comment se fait-il que tu ne rencontres personne ? Qu'est-ce qui cloche chez toi ? » Pour lui, ne pas être en couple est une anomalie qui doit avoir une cause, laquelle, rassurante, permettrait alors de chercher une solution. Si je m'aventurais à lui répondre que je ne veux pas d'enfants, il n'en croirait rien. À ses yeux, une femme qui ne désire pas être mère ne sait pas ce qu'elle raconte, elle n'est tout simplement pas prête ou se voile la face pour ne pas affronter les échecs de sa vie personnelle.

– L'étourdie m'envie : « Tu ne sais pas ce que je donnerais pour revivre quelques minutes de ta liberté. » Ne sait-elle pas que la liberté n'existe que dans le choix ?

– La garce commente : « C'est quand même très égoïste une vie sans enfants. » Celle-là a trois petites filles auxquelles elle consacre environ trente minutes par jour, n'ayant rien voulu céder sur sa vie sociale ou ses activités sportives.

– Le con s'inquiète : « Rassure-moi, tu ne préfères pas les femmes ? Parce que, avec ta génération, on ne sait plus. Ceci dit, elles en font quand même, des enfants, hein ? » Lui se passe de commentaires.

Il y a encore ces jeunes mères qui me souhaitent de connaître une telle joie, puis m'imposent une fin de non-recevoir me renvoyant à ma condition lorsque l'une de mes questions ou réflexions ne leur convient pas : « Tu comprendras quand tu en auras. »

Je comprends aujourd'hui que, pour beaucoup d'entre elles, ce n'était pas moi qu'elles essayaient de convaincre de leur épanouissement ou du bien-fondé de leurs idées arrêtées.

Toutes ces personnes me rappellent régulièrement que je n'ai pas d'enfants et il me semble que la question de la maternité est prépondérante au point de devenir identitaire.

Je ne suis pas une avocate de trente-sept ans, à la vie facile et studieuse, riche d'amitiés et de découvertes, mais qui se perd dans la recherche désordonnée d'un but qui la rendrait moins chancelante. Tout cela est accessoire : je suis cette femme de moins en moins jeune qui n'est pas mère et dont les accomplissements resteront négligeables et les rêves secondaires tant qu'elle n'aura pas enfanté.

Ces petites phrases de bavardage, à l'allure anodine et généralement inspirées par la bienveillance ordinaire, m'atteignent plus que mes interlocuteurs ne peuvent le soupçonner. Je n'ai pas besoin d'eux pour avoir ces pensées. Ils ne font qu'enfoncer un clou que j'ai moi-même taillé.

Ils ne savent pas que, depuis vingt ans, j'abrite l'enfant que je n'ai pas eu et l'adolescente frivole qui est bêtement tombée enceinte à seize ans. Le premier ne cesse de me rappeler que je peux être mère, la seconde que j'en suis incapable.

Ils ne savent pas que mon envie d'avoir des enfants se heurte en permanence à une angoisse d'immaturité et d'inaptitude et que je vis avec l'idée improbable mais bien installée que je pourrais les abandonner par égoïsme ou les laisser mourir par étourderie.

Ils ne savent pas que mon cœur se serre dès que je rencontre un nouveau-né et que je suis hantée par l'éventualité de ne jamais sentir le mien contre moi, mais que toutes les décisions que j'ai prises, tous les choix que j'ai faits depuis que je m'imagine diriger ma vie l'ont été au nom d'une indépendance à laquelle je suis viscéralement attachée et que je ne suis pas prête à abandonner. Elle est si confortable.

Ainsi l'étroit a probablement raison : il y a quelque chose qui cloche chez moi.

Alors, un jour, je décide de les fuir, celui-là et tous les autres, ceux qui me confortent dans cette image archaïque de femme inaboutie, incomplète, infirme. C'est égoïste et injuste mais je ne peux pas faire autrement.

J'évite les couples, les familles, les anniversaires et les baptêmes.

Je leur préfère les apéros, la déglingue, les sorties de route qui remplissent les nuits et embrument les jours.

Je me déplace en bande, avec ceux qui ont la même vie que moi, je m'enivre de rencontres, de légèreté et d'imprévu. De vin et de vodka, aussi. Entre autres.

Je m'offre une bulle sans contraintes ni comptes à rendre.

Le temps que je ne passe plus à m'inquiéter du temps qui passe, je le consacre à m'amuser et à m'ouvrir auprès d'amitiés naissantes ou retrouvées, riches d'une forme d'intimité particulière qui se nourrit du quotidien et que seul le célibat rend possible.

Certains croient que je le perds, ce temps qu'ils pensent consumé. Je sais moi, ce que j'y gagne.

Car cette parenthèse est certes faite de vapeurs, de fumée et de poudre aux yeux mais elle n'est pas une fuite. Elle est une revanche sur l'insouciance de l'adolescence facile que me promettait le milieu dans lequel je suis née et dont j'ai été privée.

Elle est un remède pour ne plus redouter un sort qui me condamnerait à payer au prix fort la moindre incartade.

Elle est un refuge que je sais temporaire et nécessaire pour me délester de regrets et de chagrins encombrants. D'une peau qui ne me convient plus.

Un moment suspendu avant la mue.

Delphine

Je suis amie avec Delphine depuis près de dix ans. Une complicité immédiate nous a unies en une soirée.

Je décide de l'interviewer pendant que nous dînons dans un restaurant argentin, et je passe les trois jours suivants à écouter notre conversation pour essayer de la retranscrire. Mais je suis complètement bloquée, incapable d'aligner deux mots, de synthétiser sa pensée.

« Delphine a demandé six fois de la mayonnaise pour ses frites, elle ne l'a jamais eue » : voilà la seule phrase que je parviens à écrire.

Il faut dire que Delphine est beaucoup trop intelligente et qu'elle écrit bien mieux que moi, c'est un peu paralysant.

Alors, je capitule et lui demande de ne pas m'en vouloir en lui expliquant que je n'y arrive pas.

Quelques mois plus tard, Delphine me fait part de sa déception de ne pas figurer dans mon livre. J'en suis flattée et peinée, alors nous parvenons à cette solution : Delphine rédigera un texte et je m'en emparerai pour le réécrire comme bon me semblera.

Je suis croyante, de culture catholique. J'insiste sur ce terme de culture car, pour moi, les religions ne sont que des voies dessinées par l'homme pour atteindre Dieu.

Le mien n'a ni barbe, ni anges et ne nous destine à aucune succursale infernale ou paradisiaque. Mais il nous a créés et, d'origine divine, la vie est sacrée ; on ne doit pas y attenter et jamais je ne tue un moustique ou une araignée sans y penser. Je ne me flagelle pas pour autant : seul Dieu est parfait, je ne suis, pour ma part, qu'une femme qui s'efforce de combiner au mieux les impératifs, les réalités et les complications de l'existence.

Composer chaque jour entre mes valeurs, mes devoirs et mes besoins, d'une manière à la fois exigeante et pragmatique, telle est la règle de vie qui me guide et commande que je sois résolument favorable au droit à l'avortement. Pour des raisons de santé publique d'abord, et parce que je n'accepte pas que les femmes soient si souvent condamnées à porter seules les conséquences d'un désir parfois partagé, mais qui leur est encore trop souvent imposé. Mais je crois aussi que nous avons le droit d'attenter à une existence pour ne pas nous soumettre ou soumettre autrui à une vie dont chaque jour serait un enfer. Ici encore, il s'agit de composer pour protéger la santé d'une femme, la victime d'un viol, ou simplement celle qui a commis une erreur dont elle sait qu'elle ne pourra pas assumer les conséquences. Il n'en demeure pas moins que l'avortement est un acte d'une exceptionnelle gravité : c'est un crime, car, pour moi, l'embryon est un être humain en devenir, quel que soit son stade de développement cellulaire.

Je suis donc une criminelle.

Je n'en suis pas fière, j'ai longtemps été convaincue que je ne le deviendrais jamais, mais je l'assume.

Lorsque je suis tombée enceinte à l'âge de trente-cinq ans, j'avais déjà un petit garçon de cinq ans et je dois préciser que devenir mère est l'une des plus belles aventures que j'aie jamais connues.

Ma deuxième grossesse était désirée, elle avait été décidée dans la joie et l'impatience avec Maximilien, l'homme qui partageait ma vie depuis quelques années.

Je savais sa fragilité et que la paternité représenterait pour lui un défi. Je n'avais pas imaginé, ou n'avais pas voulu admettre, que Maximilien était, alors, profondément et tragiquement incapable de devenir père.

Les premiers instants d'allégresse et de fierté ont rapidement laissé place à un cauchemar éveillé, fait de jalousies, d'humiliations et de brutalité. Maximilien n'a jamais levé la main sur moi mais son regard et ses paroles m'agressaient, son corps suintait d'une rage telle que j'ai commencé à me sentir menacée.

Je ne le blâme pas pour cette violence qu'il s'est subitement mis à déchaîner contre moi et tout ce que mon ventre représentait : la réouverture de plaies béantes du passé m'avait transformée en ennemie.

Avec des mots glaçants, il a finalement admis qu'il ne voulait pas de cet enfant. J'ai perdu ma joie et mon sourire, l'appétit et le sommeil.

Puis, après avoir mis Maximilien à la porte de chez moi, j'ai réfléchi et commencé à envisager sérieusement l'avortement. Ont alors commencé les semaines les plus longues et les plus difficiles de mon existence.

Si heureuse dans la maternité, si profondément convaincue du caractère sacré de la vie, était-il possible que je laisse arracher de mon corps celle que je portais ? Pouvais-je devenir l'instigatrice et la complice d'un tel ravage ?

La réponse était oui.

Je m'y suis décidée pour protéger mon fils aîné, mais également l'enfant que je portais et dont je ne pouvais accepter qu'il soit haï par son père, peut-être toute sa vie durant ; pour moi aussi bien sûr, parce que je refusais de rester liée à Maximilien jusqu'à la fin de mes jours.

Le matin de l'intervention, je suis passée devant une église que je fréquentais de temps en temps. J'y ai croisé un prêtre que j'avais déjà rencontré et qui, voyant mon désarroi sans en connaître la cause, m'a bénie. J'y ai vu un signe.

Le soir venu, j'ai observé sur Twitter, qu'au moment de l'intervention, Maximilien avait publié ce simple mot : « Liberté ! » J'en ai été blessée mais également profondément rassérénée.

Par la suite, je n'ai jamais regretté mon choix. Malgré la tristesse insondable qu'il suscite encore chez moi et les nombreuses années qu'il m'a fallu pour m'en pardonner, je sais aujourd'hui que cette décision m'a menée vers l'homme que j'aime et avec lequel ma famille s'est agrandie d'une petite fille adorable.

J'ai donc eu trois enfants.
Mais du deuxième, j'ai avorté.

Depuis que j'ai entrepris d'écrire ce texte, *L'Événement* d'Annie Ernaux, ce livre essentiel dans lequel elle raconte l'avortement clandestin qu'elle a vécu dans les années soixante, n'a pas quitté ma table de chevet. J'en relis régulièrement des passages ou l'intégralité lors de mes insomnies ; je le retrouve chiffonné sous ma couette au réveil. Étonnamment, cette compagnie ne m'intimide pas, elle me donne du courage.

Je reconnais dans les semaines vécues par Delphine *l'interminable lenteur d'un temps qui s'épaissit sans avancer, comme celui des rêves*. Cette phrase m'obsède.

Julia

Je n'ignore pas que Julia s'est fait avorter, je l'avais vue à plusieurs reprises à cette période que je sais douloureuse, mais je ne connais pas les détails de son histoire.

Lorsque je le lui demande, elle accepte immédiatement de partager ses souvenirs avec moi et prend soin de me prévenir qu'elle sera probablement très émue.

Assises face à face dans son bureau, nous le serons toutes les deux.

J'ai toujours eu un énorme désir d'enfant, ça a été le grand désir de ma vie. Je l'ai en partie assouvi avec mon fils, puis avec ma fille mais je voulais une famille nombreuse. Je trouvais qu'à quatre, nous n'étions pas une vraie famille. Nous étions en désaccord avec Mickael à ce sujet. Issu d'une fratrie de deux enfants, il ne souhaitait pas en avoir d'autre.

Mes deux grossesses ont été très compliquées : j'ai été hospitalisée pour la première et mon fils est né avec des difficultés entraînant certaines séquelles motrices par la suite ; j'ai été alitée pendant toute la seconde.

Mais, même si la position de mon mari était très ferme et que nous avions eu extrêmement peur, pour moi, le sujet n'était pas clos. L'envie était toujours présente, extrêmement vivace.

Je me suis fait poser un stérilet et, pour plusieurs raisons, notamment des problèmes de boulimie, cette fixation autour de la maternité et la culpabilité liée aux problèmes de mon fils, j'ai entamé une analyse. J'étais tellement obnubilée par cette question que j'ai fait un transfert sur ma thérapeute dont j'étais persuadée qu'elle était enceinte. Je me disais : « Quelle salope quand même, elle m'entend souffrir et me débattre avec ma frustration et elle est là, comme ça, devant moi, à attendre un enfant. » Un jour, je lui ai posé la question et elle m'a évidemment répondu que ce n'était pas le cas. Je me suis rendu compte qu'elle était maigre comme un clou et plate comme une limande...

Le jour de mes trente-cinq ans, je me suis sentie fatiguée et je ne suis pas allée travailler. Allongée sur mon canapé, je l'ai su. J'étais enceinte. Je me suis offert un test de grossesse, il était positif, c'était le plus beau cadeau de ma vie.

Transportée de joie, j'ai appelé mon mari : « Il nous arrive un truc fou, c'est un signe du ciel. Je suis enceinte. C'est complètement dingue, je suis tombée enceinte sous stérilet. »

Pas de réponse. Il est rentré à la maison, s'est mis au lit et n'a plus parlé pendant une semaine. Sauf pour me dire : « Je ne pourrai pas, ne me demande pas ça, je ne pourrai pas. »

J'ai pris rendez-vous chez mon gynéco et nous y sommes allés tous les deux. Dès notre entrée dans le cabinet, nous nous sommes engueulés devant lui. Embarrassé et ne sachant pas comment intervenir, il a suggéré de faire une échographie pour voir comment se présentait la grossesse.

Je me suis installée ; il a commencé son examen ; s'est arrêté ; a souri ; s'est tourné vers nous : « Il y en a deux. »

Le désir, quand même !

En sortant de la consultation, Mickael m'a regardée avec un air mi-menaçant, mi-abattu : « Je suis sûr qu'en plus ce sont des filles ! » Ultime trait d'humour avant de replonger dans le mutisme.

J'ai compris à ce moment-là à quel point il avait mal vécu mes deux premières grossesses et qu'il était incapable d'en envisager une troisième. Il lui était inconcevable de revivre ces moments d'angoisse et de prendre le risque d'avoir des jumeaux présentant des difficultés. Il ne le voulait ni pour lui, ni pour nos enfants, et il refusait de mettre en péril l'équilibre familial auquel nous étions parvenus. Son cousin était, par ailleurs, en train de mourir et tout se mélangeait dans son esprit. La confusion était totale et il était tellement culpabilisé qu'il n'arrivait à rien formuler, il ne pouvait pas me parler. Je lui en voulais de sa décision et de m'imposer de la comprendre toute seule mais je le savais dans une très grande douleur.

De mon côté, je ne pouvais pas admettre ce qu'il me demandait.

L'avortement en lui-même ne me posait aucune difficulté, mais il s'agissait du plus grand rêve de ma vie qui se réalisait envers et contre tout, et mon mari ne voulait pas en tenir compte. Je ne cessais de me répéter: « Ce que le ciel a entendu, mon mari ne l'entend pas. » Pour moi, c'était en ne gardant pas ces enfants que je forçais le destin. Je me sentais niée dans mon désir et dans mon individualité et son refus me renvoyait, en plus, aux limites de mon corps, incapable de vivre des grossesses normales permettant à mes bébés de se développer correctement.

Je voyais Mickael comme un intrus tyrannique pénétrant dans mon antre, dans mon ventre, dans tout ce que j'avais de plus intime. Je le détestais.

Et puis aussi, s'il était prêt à aller jusque-là, à me demander une chose si difficile pour moi, cela signifiait de façon absolument radicale que tout espoir d'un troisième enfant était anéanti. Son veto sans appel m'imposait de faire le deuil définitif de mon envie la plus profonde. Une sorte de ménopause mentale. À trente-cinq ans !

Au bout de quelques jours de lutte, de pleurs et de vaines tentatives de discussion ou de disputes, il a fallu que je réfléchisse, que je raisonne. J'ai alors compris que je ne pouvais pas imposer un enfant à mon mari. Je n'étais pas seule face à ce choix et, entre nos deux positions opposées, la sienne prenait nécessairement le dessus. Je n'ai pas accepté son refus, mais j'ai renoncé à ces jumeaux que je ne pouvais pas mettre au monde sans qu'ils y soient accueillis. C'était une décision extrêmement douloureuse mais, considérée de la sorte, elle s'imposait.

Je le lui ai dit et j'ai pris rendez-vous pour une IVG.

J'étais calme et décidée, mais jamais je n'ai cessé d'espérer : jusqu'au jour de l'intervention, j'ai cru qu'il allait retrouver ses esprits et changer d'avis ; jusqu'au parking de la clinique, j'ai cru qu'il allait braquer et faire demi-tour ; jusqu'à l'anesthésie, j'ai cru qu'il allait surgir dans la salle d'opération en criant : « Arrêtez tout ! »

Je ne pouvais pas croire qu'il irait jusqu'au bout et je n'arrivais pas à me résoudre à cette idée inacceptable qu'il puisse renoncer à un enfant de moi.

Au réveil, je me suis dit : « C'est fini. » Lui, avait retrouvé la parole. Et envie de cuisiner un poisson.

Étonnamment, je me suis sentie beaucoup moins mal que ce que j'avais redouté. Je n'ai absolument pas souffert physiquement et l'acte de l'avortement ne m'a pas du tout perturbée.

Seul restait mon désir de maternité qu'il fallait que j'étouffe. J'ai recommencé ma thérapie mais la boulimie est revenue, mes prises de poids se manifestant désormais autrement : tout se concentrait sur mon ventre et je me voyais souvent félicitée pour cet heureux événement à venir. Je grossissais progressivement pendant neuf mois puis reperdais mes kilos en quelques semaines.

La force de l'esprit. Aussi puissante que le désir !

Le sujet de cet avortement est revenu plusieurs fois entre Mickael et moi : violemment de ma part lors de nos pires engueulades ; calmement à deux ou trois reprises à l'occasion de discussions sérieuses sur notre couple et la famille. Il m'a alors dit qu'il ne changerait rien à sa décision de l'époque, la seule qu'il pouvait prendre alors, mais il regrette de ne pas m'avoir proposé de faire un autre enfant plus tard, pour me réparer. Il aurait pu l'envisager.

Pour ma part, et même si ma famille me comble parfaitement, ne pas l'avoir agrandie restera le seul regret et le plus gros renoncement de toute mon existence.

Mais c'est ainsi.

Valentine

J'appelle Valentine en sortant de chez Julia ; je me sens triste et j'ai besoin de me changer les idées. Je ne l'ai pas vue depuis longtemps et elle ne sait rien de ce projet. Je le lui raconte pendant que nous dînons.

Franchement, c'est comme si on m'avait enlevé une dent : j'aurais clairement préféré ne pas avoir à le faire mais je savais que je n'avais pas le choix ; c'était désagréable et je n'avais pas envie d'y aller. Mais une fois que c'était fait, c'était fait.

Cette phrase sort comme ça et Valentine me tend le plateau de fromage.

IV

Il m'aura fallu bien des années pour ne plus avoir peur de me poser, de m'installer, pour réussir à défaire tous les cartons d'un déménagement, sans en garder un, là, posé dans le coin d'une chambre et duquel s'échappent deux ou trois écharpes trouées, un cintre et quelques CD que je ne me résous pas à ranger. Ce carton qui me rappelle que rien n'est figé ni définitif, qui me laisse penser que je peux toujours changer d'avis, m'échapper. Et qui annonce la couleur : je ne suis pas de celles qui construisent un foyer.

Quelques années pour oser aimer les week-ends à la campagne, le calme et pour ne pas me sentir agressée par le bonheur d'un dimanche en famille ou d'une chasse aux œufs.

Quelques années pour assumer que le seul regard conventionnel et réprobateur sur ma vie de trentenaire en colocation est celui que je porte sur moi. Mon entourage a bien d'autres chats à fouetter.

Quelques années pour pardonner aux protagonistes silencieux de l'avortement de mes seize ans et pour essayer de dompter l'adolescente fautive qui se tient depuis lors en embuscade dans un coin de ma tête, à l'affût de la moindre manifestation de médiocrité ou d'inconsistance ; une squatteuse impitoyable qui ne manque aucune occasion de me faire connaître son jugement sans appel.

Quelques années pour accepter d'aimer un homme bienveillant et désireux d'avoir des enfants avec moi, sans avoir l'impression que tout serait alors écrit et qu'il ne me resterait plus qu'à les élever en attendant de mourir dans l'ennui le plus profond : Côme, qui accomplit le miracle d'être à la fois torturé et joyeux.

Quelques années, somme toute, pour être un peu moins conne. Quelques années que je n'ai pas vues passer et qui, sournoisement et sans jamais sonner l'alerte, m'ont menée à la quarantième.

Je ne sais pas combien de fois j'ai dû me le répéter ce matin-là : j'ai quarante ans. Comme si la marteler pouvait rendre vraisemblable cette information encore inconcevable la veille, bien que tant redoutée. Comment est-il possible d'avoir vingt ans puis tout d'un coup quarante ? Il me semble que me réveiller homme ne m'aurait pas plus choquée.

Puisque je n'en perçois aucun symptôme mental, je n'arrive pas à m'y résoudre : aurais-je un jour le sentiment d'être une adulte ?

Tombée enceinte à deux reprises par accident, je n'ai jamais eu d'inquiétude quant à ma fertilité et je ne prête qu'une oreille distraite aux discussions de plus en plus fréquentes sur la réserve ovarienne de mes amies. Je n'y comprends pas grand-chose et je me crois à l'abri. Quelle arrogance.

Mais nous essayons depuis quelques mois et rien ne vient. Alors l'impatience et cet âge symbolique me poussent à consulter. Il faut que je sache. Peut-être ai-je trop attendu ? Peut-être est-il trop tard ? J'ai la trouille.

Je vais voir mon gynécologue et lui demande de me prescrire les examens d'un bilan de fécondité. Pour la première fois, je m'entends dire, au-delà de ma sphère intime, que je veux un enfant. J'essaie de paraître sûre de moi mais ces mots résonnent et me donnent le vertige. La squatteuse se manifeste : « Comment pourrais-tu avoir un enfant, tu ne tiens pas la route ! »

Je lui résiste et je tiens bon. Je fais la prise de sang dans mon coin, sans oser en parler, pas même au principal intéressé.

Si cet enfant est une envie partagée, c'est seule que j'accepte de découvrir d'éventuels problèmes de fertilité.

Aussi tordu ou individualiste que cela puisse être, la famille et la maternité sont alors dissociées : la première est un projet commun, la seconde ne concerne que moi depuis l'isolement ressenti à l'occasion de son apparition prématurée dans ma vie.

Les résultats sont consultables en ligne le vendredi soir suivant. J'y constate en frissonnant que l'étalon de mesure fatal de ces analyses est la « femme ménopausée ». Sans franchir ce seuil, certains taux ne sont pas dans la bonne moyenne. Je me prends une enclume sur la tête.

Mon médecin ne répond pas et je ne résiste pas à ce que je m'étais interdit : passer des heures sur Internet à consulter frénétiquement des sites, des blogs et des forums. Ils sont tous plus angoissants les uns que les autres et j'y découvre un monde d'attente, de découragement, de souffrance morale et physique.

Un nouveau vocabulaire aussi : les « gygys » (les gynécologues), les « reds » (les règles), les « brys brys » (les embryons).

La capacité de ces femmes à partager ainsi leurs expériences m'est totalement étrangère. Je me sens seule.

Je passe ma soirée à essayer de comprendre le rôle de l'hormone antimüllérienne et de la FSH plasmatique et je traverse la journée suivante en apnée, sans rien dire, dans l'attente d'une réponse de mon gynécologue. J'oublie que, ce soir-là, nous devons aller dîner chez des amis qui viennent d'avoir un enfant.

Lorsque Côme me le rappelle, je m'écroule dans ses bras et lui impose une scène tout aussi mélodramatique qu'inattendue: « C'est au-dessus de mes forces, j'ai fait des examens, je n'arrivais pas à t'en parler, je suis peut-être stérile. »

Il ne comprend rien, incapable d'imaginer que j'aie pu faire ces tests dans son dos. Au lieu de m'engueuler, il culpabilise de m'avoir laissée affronter cela seule.

Il sait que l'humour et la dérision sont mes armes favorites, alors il essaie de me faire rire: « Si on n'y arrive pas, on adoptera. On prendra un asiatique (il est noir, je suis blanche). Avec un peu de chance, il sera moins con que nous. »

Puis il me remue et m'interdit d'annuler ce dîner.

J'ai bien fait de l'attendre toutes ces années.

Animée par une mesquinerie consciente, je ressens le besoin de me faire belle. Je jalouserai leur bébé mais leur infligerai ma ligne et le teint de mes nuits de sommeil ininterrompu.

Je me sens fébrile. Le temps s'est arrêté, comme lors d'une convalescence.

J'ai l'impression que je sonne faux lorsqu'on me présente cette petite fille ravissante. J'en fais trop pour cacher ma gêne et ma tristesse. Côme me regarde tendrement et je me rends compte, honteuse, que je ne me suis même pas demandé ce qu'il ressentait. La squatteuse n'a pas tort de me rappeler mon égoïsme.

L'alcool aidant, je me détends au cours de la soirée et je ressens tout à coup un soulagement immense : peut-être que je n'aurai pas d'enfant mais je vais enfin être délestée de cette préoccupation obsédante qui paralyse tous mes projets depuis des années.

Une bouffée de liberté m'envahit : une nouvelle vie est possible, sans compte à rebours, ni fil à la patte.

J'ai déjà éprouvé une euphorie semblable dans les premiers instants suivants une rupture amoureuse. La perspective d'un changement, même contraint et douloureux, me galvanise.

Je me dis qu'il faudra qu'elle soit exceptionnelle, cette nouvelle vie, que je réalise quelque chose d'important.

Je comprends ce soir-là que mon désir d'enfant répond aussi à la nécessité de laisser une trace. Me revient en tête une chanson de Brel : « Mourir sous le manteau, tellement anonyme, tellement incognito, que meurt un synonyme », voilà ce qui me fait peur. On n'est jamais à moitié égocentrique. Je me couche enthousiaste et pleine de projets.

Je me réveille triste et en colère. D'avoir laissé le temps passer, de n'avoir pas réfléchi, de m'être crue au-dessus des lois de la nature.

Mon gynécologue me rappelle après trois messages désespérés laissés à sa secrétaire. Il me parle avec détachement et nonchalance : « Non, vous n'êtes pas ménopausée mais c'est vrai que ce n'est pas génial. » Je l'agace lorsque je lui demande de m'expliquer la situation et il clôt la conversation sur ces mots : « De toute façon, si vous et votre conjoint n'arrêtez pas de fumer, ce n'est même pas la peine de vous lancer dans un protocole. »

On ne peut pas dire que je me sens réconfortée, et je pense à ces clients que j'ai également envoyé balader lorsqu'ils voulaient comprendre un point de droit beaucoup trop compliqué pour eux ou connaître l'issue incertaine d'un procès. Les boules de cristal des médecins ne sont pas plus performantes que celles des avocats.

Cette conversation téléphonique aura deux mérites : me faire changer de gynécologue et me rendre plus patiente avec mes clients.

Une amie ayant eu son fils suite à une FIV l'année précédente me conseille le Dr B. « Il est un peu dingue me dit-elle, une sorte de savant fou fait pour nous. » Effectivement, au lieu de me faire la morale sur mon style de vie, il me suggère de prendre des vitamines censées nettoyer mon organisme des excès nocturnes que je lui inflige et me recommande de respirer en visualisant la couleur bleue. Ces deux « prescriptions » me conviennent parfaitement, tout comme son premier conseil : « Il faut être heureux pour faire un enfant, calme-toi mais ne te frustre pas de tout ce que tu aimes. »

Il entreprend également de m'expliquer les résultats des analyses que je lui ai apportés puis, percevant mon angoisse, me propose de lui faire confiance, tout simplement.

J'accepte de m'en remettre entièrement à lui sans chercher à comprendre ce qu'il compte faire de moi.

Me voilà véritablement et à tout point de vue jetée dans l'inconnu.

Côme rencontre le Savant fou qui lui parle longuement et le rassure. Tout cela va un peu vite à son goût, il me suit pourtant. Inquiet mais confiant, comme toujours.

Au bout de quelques semaines, je me retrouve à m'injecter des hormones dans le corps tous les soirs. Je me cache dans la salle de bains comme s'il s'agissait d'une drogue. De quoi ai-je honte ?

Je vais chez mon gynécologue plusieurs fois par semaine. Je me déshabille et m'installe machinalement, les pieds dans les étriers. Je le laisse faire. Je ne veux pas imposer de telles contraintes désenchanteresses à Côme, alors je vais seule chez le Savant. Au bout d'un moment, je ne sais plus vraiment avec qui je fais cet enfant.

Je gonfle et affronte des changements d'humeur imprévisibles et spectaculaires : tantôt irascible au point d'exploser à la moindre contrariété, tantôt sensible à l'extrême, émue aux larmes par la simple vision d'un chaton. La boulangère a peur de moi depuis qu'elle a commis la lourde faute de ne plus avoir de baguette, elle méritait la peine capitale.

J'ai l'impression d'être possédée et de ne plus rien contrôler.

Mon corps et mes émotions m'échappent. Ils ne m'appartiennent plus.

C'est épuisant et déroutant. Tant pour moi que pour mon entourage.

Beaucoup ne peuvent s'empêcher de me donner des conseils : « Repose-toi », « Ne bois pas », « Fais du sport », « Mange sainement », « Va voir un psy, un acupuncteur, un sophrologue, un magnétiseur, une masseuse, un énergéticien… ». J'en suis quelques-uns, ignore les autres et enrage à la répétition du plus déplacé d'entre tous à l'adresse d'une obsessionnelle notoire : « Il faut lâcher prise. »

Une FIV est programmée au bout de deux cycles d'injections qui me laissent sur les rotules.

Côme est très pudique sur sa participation et les examens auquel il est soumis. Nous n'avons pas la légèreté d'en rigoler.

Le week-end précédant la ponction, j'anéantis un mois de sobriété en quelques heures. Je bascule lors d'un déjeuner qui se prolonge en apéro, lequel se transforme en dîner. Je bois de midi à minuit et fais la dernière piqûre passablement ivre. Je m'endors en essayant de me souvenir à quel tennisman français était reprochée sa peur de gagner. La squatteuse exulte.

Plusieurs couples patientent lorsque nous arrivons à la clinique à l'heure prévue.

Tout le monde attend son tour, discipliné et respectueux. Tout le monde chuchote.

Ceux qui n'en sont pas à leur première tentative se distinguent à leur connaissance des lieux, des papiers à fournir, des réponses à donner. Les novices sont perdus, brouillons, désorientés.

Deux quarantenaires au même look que nous attirent notre attention. Tout espoir semble les avoir quittés, ils agissent par automatisme, sans se regarder ni se parler. Combien de tentatives ratées ont-ils subies ? Leur histoire y survivra-t-elle ?

En un regard, nous nous promettons silencieusement de ne jamais aller jusque-là. Je me demande s'il est possible de s'engager à renoncer à un enfant.

À mon réveil, le ventre me tire mais le Savant est content : il a récupéré sept ovocytes.

Nous saurons dans deux jours si des embryons ont commencé à se développer.

Cette attente est interminable et j'appelle le Savant quarante-huit heures et cinq minutes plus tard.

Il a deux embryons, propose d'en implanter un le lendemain et d'attendre la fin du week-end pour le second qui a plus de chance de s'accrocher s'il résiste à quelques jours supplémentaires de congélation. Nous n'avions jamais envisagé l'éventualité d'avoir des jumeaux. Pour la première fois, Côme se crispe mais il accepte de prendre le risque.

Peut-être est-il vraiment prêt à tout pour ne pas avoir à affronter une nouvelle fois le monstre sous hormones.

Nous sommes au rendez-vous à midi pile et l'infirmière nous accueille enthousiaste : ces embryons sont des « champions ». La voix de Freddie Mercury résonne dans ma tête.

Ils arrivent dans une espèce de capsule spatiale dont j'ai l'impression qu'elle crache de la fumée d'azote. Qu'ont-ils fait là-dedans pendant deux jours ?

Le transfert du premier embryon prend quelques secondes. Côme et moi nous regardons et nous tenons la main. L'émotion nous prend par surprise. Nous ne l'avions pas anticipée dans cet environnement médical impersonnel et froid mais elle est là et nous enveloppe.

À cet instant, et même si elle ne devait jamais s'agrandir, lui et moi devenons une famille.

Nous passons le week-end à traîner tous les deux à la maison. Il me semble que nous ne pourrions partager ce moment avec personne d'autre, comme si nous avions besoin de recréer l'intimité dont nous a privés cette procréation assistée. Régulièrement, l'un de nous évoque le champion. Nous y croyons et attendons des nouvelles de son jumeau congelé.

Lundi matin, douche froide : Hibernatus n'a pas tenu.

Côme semble soulagé, la perspective des jumeaux est écartée.

Je passe les deux semaines suivantes à observer mes seins, à les malaxer jusqu'à la douleur en imaginant qu'elle serait due à autre chose que de la maltraitance, à boire du café ou à tirer des lattes sur des cigarettes en espérant qu'elles me dégoûtent. Mais rien.

Au dixième jour, je me mets à faire des tests en cachette. Je n'ignore pas que c'est absurde mais ça me permet d'y croire pendant quelques secondes tout en bénéficiant d'une explication incontestable quant au résultat négatif : il est tout simplement trop tôt.

Je m'occupe, je m'agite. Je passe huit heures par jour sur Internet, à deux doigts de parler de mes « brys brys ».

Je flippe aussi. Et si ça marchait ?

La veille du jour prévu pour la prise de sang, je ressens les spasmes familiers que mon ventre connaît depuis près de trente ans et qui ne font décidément faux bond que lorsqu'on les implore.

Le sang coule.

J'ai échoué.

Côme m'en veut d'avoir cette pensée et de la formuler. Peut-être est-il temps que j'arrête de tout ramener à moi. Il est malheureux et sait l'exprimer simplement : il pleure. Puis il me traîne dehors et se met à insulter ces connards de champions. Nous sommes tristes mais nous rions.

Rideau.

Sophie

Sophie m'attend à la terrasse d'un café. Nous ne nous sommes jamais vues mais elle me reconnaît immédiatement et me sourit. Sophie est calme et réfléchie ; elle n'a pas peur du silence nécessaire pour trouver le mot juste.

Un jour, peu après ses trente-cinq ans, Sophie a senti que son corps s'exprimait : des seins gonflés, des nausées, des envies de pain au chocolat à une heure du matin. Des symptômes immédiats et démesurés : elle a su ce qui lui arrivait.

Sa première réaction a été de « ressentir beaucoup de joie, comme si cela avait été une vérification rassurante » de ce qu'elle pouvait être enceinte, immédiatement suivie d'un « très grand embarras ».

Elle vivait à l'époque une jolie passion avec un musicien mais savait qu'elle ne pourrait pas construire une famille ni même un couple avec lui. Elle ne l'aimait pas de cette façon-là.

Car pour Sophie, un couple, une famille, « c'est sérieux, ça ne peut pas être médiocre ». Elle n'a été entourée que de gens qui s'adoraient et s'admiraient, de ses grands-parents à ses parents. C'est « encombrant », mais elle ne le conçoit pas autrement et il lui était inconcevable de faire seule un enfant qui ne peut être que le fruit d'un « amour partagé et durable ».

La décision d'avorter s'est vite imposée : « Je me suis transformée en guerrière, je ne pouvais pas laisser cette promesse s'installer, par respect pour elle et pour moi. En même temps, en bonne fille de ma génération, je me suis dit: "J'ai le choix, je prends ce choix." J'étais extrêmement malheureuse mais j'ai mis ça de côté, il fallait d'abord que je me sorte de là. »

Elle a consulté un médecin qui a cru nécessaire d'insister sur la parfaite santé de cet embryon et elle a préféré un avortement par aspiration: « C'était trop important, je trouvais horrible de me contenter de la simple prise d'un médicament. »

La veille de l'intervention elle a fait ce rêve: « Je suis sur un bateau pris dans une tempête et je vois débouler un petit bonhomme dans un grand ciré jaune. J'essaie d'aller vers lui. Il faut que je le sauve, enfin, on essaie de se sauver l'un l'autre. Et tout d'un coup il me dit: "Maman, maman, ne t'inquiète pas, tout va bien se passer, on se verra une autre fois." » Comme bien d'autres, comme moi-même pour mon premier avortement, elle aussi sait le sexe de cet enfant.

Elle s'est réveillée soulagée, délestée, et elle est aujourd'hui encore émue à l'évocation de ce souvenir. Mais elle est demeurée infiniment peinée: « Avec un deuil vécu par la suite, c'est le jour le plus triste de ma vie. »

Très rapidement après, elle a ressenti un grand soulagement et elle a pris conscience de la justesse de son choix: « Au dix-neuvième siècle lors d'un accouchement difficile, on demandait au père si on sauvait l'enfant ou la mère. Eh bien, moi je me suis posé cette question et je me suis sauvée ! On a été nourries de récits de vies perturbées ou brisées par des maternités imposées et je ne pouvais pas m'infliger cela ; il était hors de question de jouer avec l'idée qu'une femme peut sacrifier son avenir pour un enfant ; je ne pouvais pas me laisser réduire à ma condition biologique. »

Cet avortement est un événement considérable de sa vie : il est important, pour elle, d'être tombée enceinte et d'avoir ressenti qu'elle s'inscrivait « dans une lignée de femmes », et elle précise après quelques instants de réflexion : « Peut-être que plus que tout, peut-être que le plus important était que je fasse ce choix libre. Ce choix dont tant de femmes avaient été privées dans ma famille. » Sa décision dépassait sa propre existence, il ne s'agissait pas seulement de sa liberté.

Elle sourit et me raconte que, quelques jours avant notre rencontre, elle est tombée par hasard sur l'échographie faite lors des premiers examens. Elle n'est pas la seule femme qui me dira avoir conservé ce document après une IVG mais je m'en étonne tout de même et elle me répond : « Je ne pourrai jamais m'en séparer, ça fait partie de ma vie et d'un destin possible que j'ai orienté autrement, c'est important. »

Sarah

Une période trouble. Mes souvenirs sont flous et mélangés. Douloureux.

Ma mère est déjà très malade lorsque je rencontre Benjamin. Notre histoire d'amour démarre sur ce fond de tristesse et d'inquiétude. Benjamin est là, mais ça doit être lourd à porter.

Je vomis et soigne ma gastro. Mais ça ne passe pas et je me sens bizarre.

Ma mère meurt et je découvre que suis enceinte. Ou je découvre que je suis enceinte et ma mère meurt. Je ne sais plus.

Je gère l'enterrement et ne pense pas à ce qui se passe dans mon corps. Rien d'autre n'existe que le vide et le malheur.

Le lendemain de la cérémonie, Benjamin part avec ses enfants à la montagne.

Je suis seule et en colère, je lui en veux. La décision s'impose: je ne peux pas donner la vie alors que la mort m'envahit. Je ressens mes nausées comme un rejet de cet enfant, je ne peux pas l'accueillir; ma seule urgence, c'est m'en sortir.

La mère, ça ne peut pas être moi.

La mère, c'est celle qui vient de partir.

J'ai envie de pleurer, Sarah me sourit.

Puis elle sort son rouge à lèvres de son sac: « On va dîner ? »

Elle est si jolie !

Joséphine

Le soir même, après notre dîner, Sarah et moi rencontrons Joséphine dans un bar. Nous sommes un peu ivres et très joyeuses. Joséphine me demande ce que je fais dans la vie et j'ai envie de me vanter : « J'écris un livre. » Nous commandons des tequilas et elle désire en connaître le sujet.

Ça m'est arrivé l'année dernière. La bêtise classique du rapport non protégé avec un ex. On se fait toujours croire qu'on est à l'abri de tout avec un ex, alors que c'est évidemment le contraire. En y repensant, je sais qu'il m'arrivait depuis quelques mois de me demander si mon corps était capable, s'il fonctionnait. Si ça marcherait. Je ne voulais absolument pas faire un enfant mais il me semble évident maintenant que j'ai tenté le diable.

Cet avortement, d'une certaine manière, je peux dire que c'est moi qui l'ai provoqué.

Et il m'a rassurée.

V

Il a demandé de passer l'été tranquille, sans examens ni médecins, ni piqûres.

« On verra à la rentrée, j'ai besoin de souffler, qu'on s'amuse et qu'on pense à autre chose. » Je lui ai accordé ce répit.

Nous sommes effectivement au bord de l'implosion, animés d'un besoin vital de sortir, de nous défouler. De réintégrer le cours normal de la vie.

Les deux derniers week-ends ont été remplis et festifs et nous avons décidé de passer le prochain à la campagne, chez des amis. J'adore cet endroit et cette bande de copains, mais, là, tout m'agace. La bouffe, la musique, le bruit. Je n'arrive pas à dormir, je suis tendue.

Alors je veux rentrer dès le samedi soir, j'ai besoin d'être chez nous, au calme.

Dans le train du retour il me demande avec tact ce que j'ai : « Je ne t'ai jamais vue aussi chiante. » J'admets.

En sortant du métro, il s'arrête au bar en bas de la maison pour boire un verre et s'éloigner de la harpie. Je monte en râlant et en réfléchissant. C'est vrai que je suis bizarre. Je ne suis pas dans mon état normal.

Mes règles ont quatre jours de retard mais j'ai refusé d'y penser avant de partir chez nos amis. La FIV a échoué le mois dernier, je dois tout simplement avoir été déréglée par les hormones. Je ne veux pas espérer, je ne veux plus être dingue.

Je reste assise sur le canapé à fixer la télévision éteinte : « Ne fais pas de test, ne fais pas de test, tu dérailles. »

Puis je me vois remettre mon manteau, descendre les cinq étages et faire le tour du quartier pour gagner la pharmacie sans passer devant le bar où Côme se détend. Que lui dirais-je ?

J'appelle Cécile pour parler de tout et de rien, pour prendre des nouvelles, pour occuper mon esprit. Je ne lui dis pas ce que j'ai dans la main, elle s'inquiéterait de mon obsession.

Je remonte en lui parlant et continue la conversation en visant le bâtonnet.

Je le pose et l'abandonne avec dédain sur le lavabo comme je le fais de mon téléphone lorsque je suis suspendue à l'arrivée d'un texto. Si je ne regarde pas, il arrivera.

Puis je reviens et je me tais : il y est, le double trait.

J'ai le souffle coupé et le chuchote à Cécile avec prudence et précaution. Tout me semble si fragile, irréel.

Elle m'ordonne d'aller chercher d'autres tests.

Manteau, étages, détour, pharmacie, pipi : positif, positif, positif.

Les murs dansent. Je danse.

J'envoie un texto à Côme pour lui demander s'il compte rentrer tard. Je ne lui ai jamais posé cette question, alors il remonte rapidement, inquiet, agacé.

Je n'ai même pas pensé à allumer la lumière alors que la nuit est tombée et il me trouve assise dans la pénombre, quatre bâtonnets éparpillés autour de moi, comme des totems.

Je lui en tends un en pleurant : « Je suis enceinte. »

Je peux enfin prononcer cette phrase avec joie : c'est une bonne nouvelle.

Rachel

Je connais Rachel depuis quelques années mais je ne savais rien de cet avortement.

Un apéro improvisé avec elle peut me tenir éveillée jusqu'au petit matin : refaire le monde, parler de tout et de rien…

Mais pour tout ce qui la touche trop intimement, Rachel est très discrète. Il faut deviner, comprendre jusqu'où on peut aller. Sans me le dire, pour ne pas trahir son secret, notre amie commune lui a parlé de mon projet et Rachel a finalement décidé de m'appeler.

Si on m'avait dessinée pendant les quelques années qui ont suivi la naissance de mon fils, j'aurais été assise sur un banc avec, sur mes genoux, un boulet relié à l'un de mes pieds par une chaîne. Un boulet dont la clé aurait été jetée loin, très loin, tellement loin qu'il aurait semblé impossible d'en retrouver un jour la clé.

Je savais que les derniers mois m'avaient éprouvée : un grave accident de voiture ayant failli me coûter la vie, un retour de congé maternité épouvantable au bureau, une fatigue extrême qui ne me quittait pas. Pourtant, je ne comprenais pas ces larmes qui coulaient sans s'arrêter, ni ce tunnel de tristesse dont je ne parvenais pas à sortir.

Pour ne pas laisser cette situation s'installer, j'ai tout essayé ou presque, notamment voir une magnétiseuse.

Lors d'une séance, j'ai vu un bébé s'en aller. Je m'en suis étonnée sans m'y attarder : j'étais en plein travail analytique sur mes rapports avec ma mère et j'ai pensé que c'était moi, ce bébé qui s'était manifesté.

Quelques jours plus tard, le miracle se produisait : sans que je ne m'en sois rendu compte, le boulet s'était détaché. À nouveau, je respirais.

Fascinée et portée par cette expérience, je la raconte quelques mois plus tard à des amies lors d'un dîner. L'une d'elles, elle-même magnétiseuse et énergéticienne, m'écoute sans rien dire. Puis, elle me prend à part et me demande délicatement : « Tu n'es pas obligée de me répondre, mais est-ce que tu t'es fait avorter ? »

Me voyant me décomposer, elle se permet une hypothèse : « Ce n'était probablement pas toi ce bébé que tu as convoqué. »

Rachel fait une pause puis elle se lance dans le récit des semaines qui ont précédé ses trente-neuf ans. Elle s'en souvient avec précision, malgré le sentiment de les avoir survolées et son acharnement à les occulter depuis :

Je suis allée voir ma gynécologue pour une visite de routine, Victoire devait avoir trois ans, Paul dix mois, et je n'avais toujours pas eu mon retour de couches. J'étais complètement épuisée et déboussolée mais je n'y réfléchissais pas trop ; quoi de plus normal que cette fatigue avec deux jeunes enfants ?

Je suis assez proche de ma gynécologue, alors on a parlé de tout ça, de la famille, de mon travail, de mon boss épouvantable. Puis je me suis déshabillée et je me suis allongée. Elle a commencé son examen, tout allait bien, et elle a voulu faire une échographie. Elle a calmement sorti sa sonde pendant que nous discutions, ajusté sa machine, puis elle a regardé son écran, avant de le retourner brusquement en criant : « Ne regarde pas. »

J'étais enceinte d'environ deux mois et je n'avais rien senti. Je suis tombée des nues.

Sa réaction spontanée a été de me rassurer, de m'expliquer que ce n'était pas grave et que tout se ferait simplement ; elle m'a indiqué la marche à suivre et donné les coordonnées de confrères à contacter. Elle était prévenante et s'efforçait de m'éviter de culpabiliser. Mathieu, qui, de toute façon, ne voulait pas d'un troisième enfant, a pris le relais. Dans les mêmes termes. À peu de chose près.

En quelques mots et pensant sincèrement m'aider en allant dans mon sens, ils ont planté en moi la certitude que l'avortement s'imposait, qu'aucune autre option n'était à envisager, et que c'était ce que je souhaitais.

Sonnée par cette situation inattendue, manipulée par la fatigue et les hormones, je me suis laissé porter. Personne n'a eu l'idée de me demander ce que je voulais faire, pas même moi.

Quand je repense à cette période, je me vois comme une marionnette, agissant par automatisme, sous hypnose. Aujourd'hui, je ne comprends pas pourquoi je ne me suis pas réveillée, pourquoi je n'ai pas arrêté tout ça.

J'ai le souvenir d'une seule pensée rationnelle au sein de ce magma émotionnel : je ne voulais pas que mon fils se sente écrasé par un bébé trop proche de lui. Mais je ne sais pas si c'est ce qui m'a réellement guidée à l'époque ou si c'est une justification à laquelle je me raccroche maintenant.

Ce dont je suis sûre, en revanche, c'est que, si c'était à refaire, je ne le referais pas. C'est un immense regret.

Au-delà, c'est aussi une décision que j'ai du mal à assumer car je trouve que cet avortement était en quelque sorte injustifié. J'étais enceinte de l'homme que j'aime et avec lequel j'avais déjà construit une famille magnifique ; cette grossesse était accidentelle, mais elle n'était pas catastrophique ; aucun obstacle ne nous empêchait d'avoir un autre enfant.

Tristesse, regrets, culpabilité : voilà donc de quoi ce boulet était fait.

Aujourd'hui j'en suis débarrassée mais je ne cesserai jamais de penser à cet enfant que je n'ai pas eu.

C'est un garçon et il a un prénom.

Quand je regarde mon fils et ma fille assis sur un canapé, il est là, à côté d'eux.

Andréa

Lorsque je demande à Andréa si elle connaît des femmes qui ont vécu un avortement, elle me parle de l'une de ses amies et me propose de la contacter pour moi.

Quelques jours plus tard, elle me rappelle, désolée : son amie ne veut pas me rencontrer.

Sa voix au téléphone est hésitante et je trouve le comportement d'Andréa étrange. Au bout de quelques instants, elle me coupe la parole au milieu d'une phrase : « En fait, ça m'est arrivé, mais je n'en ai jamais parlé. Peut-être faudrait-il que je le fasse. » Quelques semaines plus tard, nous nous retrouvons dans un café.

Emma est partie au bout de sept jours. Elle est née avec une malformation de la plèvre qui a nécessité un accouchement prématuré. Elle n'a pas survécu malgré l'opération, les soins intensifs et une rage de vivre qui nous a tous subjugués.

Je me suis retrouvée plongée dans un abîme de souffrance et de malheur. Je voulais me tuer. Disparaître. Oublier cette sensation de panique qui avait imprégné mon corps, cette impression que quelqu'un piétinait ma poitrine pendant que mon cœur essayait d'en sortir. Une douleur absolument innommable, insupportable. Tellement insupportable qu'elle m'a rapidement contrainte à faire un choix radical et définitif : soit j'arrêtais, soit je décidais de continuer à vivre. Mais dans ce dernier cas, je devais le faire pleinement, sans option de retour en arrière ni demi-mesure ; je me devais de renouer avec la vie heureuse.

J'ai réussi à choisir la deuxième voie.

Quelques années plus tard, après la naissance de Chloé et au moment de mon divorce, j'ai rencontré Marc. Quand j'ai passé une nuit avec lui, je savais qu'il était en couple et je pensais sincèrement que cela ne se reproduirait pas. J'ignorais que ce que nous allions partager nous enchaînerait pour quelques années. J'ignorais également que sa compagne était enceinte et qu'il en était enchanté.

Il me l'a appris la semaine suivante, précisant très fermement qu'il ne la quitterait jamais. Mais le mal était déjà fait : nous avions trop vibré pour pouvoir nous arrêter. Et pour être honnête, la bizarrerie de cette situation m'intriguait, je voulais voir où elle pouvait nous mener.

Nous avons vécu ainsi pendant plus de trois ans, nous retrouvant en cachette plusieurs fois par semaine, nous attachant de plus en plus profondément l'un à l'autre.

Un matin, alors que je me sentais bizarre depuis quelques jours, je suis descendue à la pharmacie. J'ai lu le résultat du test et je n'ai pas compris ; j'avais quarante et un ans, je prenais la pilule et nous utilisions des préservatifs, comment pouvait-il être positif ?

Un bordel phénoménal a envahi ma tête et mon cœur. J'étais triste, en colère, angoissée. Il était hors de question que je garde cet enfant mais le monde s'écroulait : perspective de maternité et réalité de mort à nouveau se rejoignaient.

Je me dégoûtais, tout se mélangeait, et j'étais obsédée par une seule pensée : « J'ai perdu un enfant que je ne voulais pas perdre, je ne devrais pas avoir le droit de supprimer la vie. »

J'étais dans une totale confusion et, si j'y réfléchis bien, je pense que ma raison approuve l'avortement tandis que mon sentiment le condamne, et la bataille intérieure qui s'est déroulée entre les deux à ce moment-là m'a véritablement tourmentée.

La raison a gagné et a réussi à justifier cette décision par le fait que je ne voulais ni briser une famille ni mettre au monde un enfant sans père. Elle m'a aussi aidée à admettre que, à la différence d'Emma qui s'était battue pendant plusieurs jours, cet enfant-là ne se rendrait compte de rien.

Pour m'en sortir et ne pas flancher, il a toutefois fallu que cet événement existe le moins possible : j'ai quitté Marc, avorté seule, et je n'en ai jamais parlé.

Tenu au secret, cet avortement a eu peu de réalité.

J'ai bien conscience qu'une telle stratégie de négation est un énorme leurre et qu'il y a de fortes chances pour que tout cela resurgisse un jour et m'éclate à la figure.

Je l'espère d'ailleurs, d'une certaine façon. Je trouverais triste de pouvoir me débarrasser de la sorte d'un épisode aussi important et douloureux. J'aurais l'impression d'avoir perdu un peu de mon humanité.

Ludivine

Ludivine a quarante-deux ans. C'est une fée, un soleil, une fleur, une étoile filante. Lorsque je pense à elle, elle est déguisée. Ou en pyjama. Ou à moitié nue. Ludivine incarne pour moi l'esprit de liberté des années soixante-dix qui l'ont vue naître.

À son image, nous avons cette conversation dans son bain, où il est aisé de se faire admettre.

Un bain à l'huile d'oranger avec vue sur le jardin. Un moment d'intimité et d'amitié délicieux, dont elle seule a le secret.

Cela lui est arrivé quatre fois, non cinq, oui, c'est ça, cinq. La première fois vers vingt ans, la dernière à trente-six, les autres entre les deux.

Elle l'assume totalement, le dit facilement, et à ceux qui lui reprocheraient d'utiliser l'IVG comme un moyen de contraception, elle répond que si cela leur pose un problème, eh bien ce n'est que le leur. Pour éviter ce reproche, elle a tout de même traversé Paris à deux reprises pour se faire prescrire la pilule abortive par un autre médecin que sa gynécologue habituelle. Elle redoutait, peut-être à tort, de se faire sermonner.

Tout a toujours été simple : aucune question, aucun doute, aucune douleur sauf un peu la dernière fois, aucun état d'âme, aucun remords. Pas de sujet.

Quelques mois plus tard, j'appelle Ludivine pour lui dire que ce livre va être publié. Elle explose de joie pour moi et ne perçoit pas mon inquiétude.

J'ai peur de l'exposer ; que ce texte volontairement court, qui ne rend compte que de son rapport à l'avortement et en rien de sa profondeur ni de la solidité de ses amitiés, soit totalement infidèle à son image. J'ai peur qu'on ne l'attaque et d'entendre à son sujet des mots ou des jugements qui ne résisteraient pas à cinq minutes de conversation avec elle.

Alors j'oublie mes intentions de parole assumée et insiste pour changer son prénom.

Elle refuse. Je réalise que je ne connaissais pas, jusqu'alors, son regard offensé.

VI

Il fait beau, le printemps arrive, la prise de sang l'a confirmé : je suis enceinte.

Je suis enceinte et terrorisée.

J'ai entendu le son le plus émouvant de ma vie, ce cœur microscopique qui bat à cent à l'heure et, depuis, je suis obsédée par l'idée qu'il pourrait s'arrêter.

La squatteuse a repris le dessus et elle prononce désormais des oracles maléfiques : « Il ne tient qu'à toi de le garder ou de le perdre. »

J'ai l'impression que la seule force de ma pensée pourrait provoquer une fausse couche et je suis tétanisée à l'idée de le dire à mes parents. J'ai à nouveau seize ans.

Je fais un rêve où ils meurent et je suis envoyée dans un pays inconnu pour commencer une nouvelle vie.

Nous allons dîner chez eux et je fais promettre à Côme de ne rien laisser paraître, je ne suis pas prête. Je suis nerveuse, sur la défensive et, au bout de quelques minutes, ces mots me surprennent, balancés comme un coup de poing dans leur gueule : « Je suis enceinte. » Mes parents s'arrêtent de parler, Côme également, qui ne l'avait pas vu venir, et nous tombent dans les bras.

Ils sont tellement émus qu'ils ne voient pas que je fais tout pour saboter l'instant.

Je leur en veux d'avoir à partager cet événement maintenant qu'il est joyeux alors qu'ils m'ont laissée si seule lorsqu'il ne l'était pas.

J'en suis donc encore là, le couteau entre les dents, plus de vingt ans après.

Leur bonheur est cependant contagieux et a finalement raison de ma rancune.

C'est un joli moment.

Virginie

Virginie a quarante-cinq ans.

Elle a toujours eu du mal avec la vie, elle ne l'aime pas. Très jeune, elle a connu la boulimie, l'envie et les tentatives d'en finir.

Virginie est mon amie et il est d'autant plus difficile d'écrire sur elle que j'ai participé à certains des événements qu'elle m'a autorisée à raconter.

Elle se souvient d'avoir eu envie de quatre ou cinq enfants lorsqu'elle était adolescente. L'une devait s'appeler Rose, un autre Jules. Un fantasme de douceur et de joie de vivre probablement construit pour tenir à distance l'environnement « violent, hystérique et étouffant » dans lequel elle a grandi : une famille aimante mais totalement « dysfonctionnelle et déstabilisante ». Une généalogie encombrante.

Vers vingt ans, elle a rencontré Marc avec lequel elle a vécu une belle histoire d'amour pendant quelques années. Elle a cru plusieurs fois être enceinte et en a été excitée. Était-ce la manifestation d'un souhait ou simplement le besoin de calmer une inquiétude : la boulimie et les années d'aménorrhées avaient-elles abîmé son corps au point de la rendre stérile ? La question était là, pas obsédante mais bien présente, récurrente.

Quelques années plus tard, avant trente ans et en dehors de tout projet de maternité, elle a fait des examens de fertilité. Elle avait besoin de savoir si elle était « capable » de faire un enfant.

Virginie a toujours eu peur de ne pas être capable : de vivre, d'aimer, d'avoir sa licence, son diplôme d'avocat, d'exercer, de plaider, d'exposer les sculptures qu'elle réalise depuis quelques années.

Les résultats n'étaient pas très bons, mais pour cela, comme pour le reste, elle était « capable ». Elle en a été soulagée.

Puis la vie a confronté ce cœur ouvert et cet esprit tumultueux à des épreuves qui les ont encore plus assombris et fragilisés.

La maternité n'était plus un sujet. Il s'agissait alors de ne pas sombrer, de se lever et de manger, de résister. De rester.

Elle y est parvenue mais ne pouvait plus songer à donner la vie. Elle n'avait pas le droit de transmettre ses angoisses et ses tourments, d'imposer à qui que ce soit la souffrance qu'elle connaissait, ni d'avoir à se débattre dans un monde « fonctionnant à l'envers ». Elle ne pouvait pas léguer ses gènes dangereux, perpétuer une lignée nocive.

Son désir n'avait même pas à être questionné, il était question de responsabilité.

Lorsqu'elle a rencontré Stéphane, elle avait quarante-deux ans. Il l'a très vite avertie qu'il avait deux enfants et n'en voulait pas d'autre.

Cela convenait parfaitement à Virginie. Être amoureuse avait changé sa vie, pas sa vision du monde.

Un matin, elle a eu mal aux seins. Elle redoutait une tumeur mais, par acquit de conscience, elle a tout de même fait un test de grossesse.

Quelques heures plus tard, elle m'a appelée : elle était enceinte.

Paniquée, elle me répétait : « Je n'en suis pas capable, je ne peux pas faire ça. » Revenait, prédominante, cette idée d'incapacité.

Je n'étais pas d'accord avec elle et le lui ai dit. Et je sentais à ses mots, à son ton, qu'elle voulait envisager la possibilité de le garder. Alors je l'y ai encouragée.

Son médecin a confirmé la grossesse. Elle en était à quelques semaines et il l'a tout de suite prévenue qu'il fallait qu'elle réfléchisse rapidement « sinon, ça ne sera pas avec moi, après deux mois, c'est trop gore ».

Stéphane était catégorique : il n'en voulait pas. Il est devenu froid, dur, fuyant.

Et pourtant Virginie ne se sentait pas seule. Car elle a très rapidement ressenti qu'elle était enceinte. La vie l'habitait et elle aimait cette sensation.

Elle a alors compris que ce qu'elle s'était interdit depuis des années, ce n'était pas d'être mère mais de choisir de le devenir. Et de la même manière, une fois cette grossesse survenue, elle ne pouvait pas décider de « tuer » cet enfant.

C'est bien ce mot qu'elle emploie en s'excusant de me le dire, à moi qui me suis fait avorter deux fois, et alors qu'elle n'est absolument pas contre l'avortement. Elle aurait eu l'impression de le tuer et elle ne l'aurait pas supporté.

Virginie, qui a du mal avec la vie et n'a pas peur de la mort, ne se sent pas autorisée à décider pour autrui ni de la première ni de la seconde.

Alors, elle a fait appel à la nature, en laissant passer les jours puis les semaines.

Elle a apprivoisé l'idée d'être mère et cela lui a plu : elle mettait « un pied dans la vie », allait être obligée de « s'ouvrir aux autres » et de « sortir de son isolement ». Elle était toujours angoissée, parfois même affolée, mais elle percevait la possibilité de « ne plus être seulement en vie, mais réellement vivante ».

Et puis, elle était en paix avec cet enfant qu'elle n'avait rien fait pour avoir. Puisqu'elle ne l'avait pas provoquée, elle pouvait assumer son existence.

Elle en était là, à deux mois de grossesse environ, lorsque son gynécologue lui a annoncé que le cœur ne battait plus, qu'il n'y avait « plus de décision à prendre ». N'avait-il pas compris que son immobilisme en était une ?

Il lui a dit qu'elle avait le choix entre un avortement par aspiration ou médicamenteux et lui a conseillé d'attendre quelques jours car cela pouvait arriver naturellement.

Virginie s'est sentie « vide et seule et triste » et « pourtant pleine de cet enfant ». Elle a attendu.

Les symptômes de la grossesse ont persisté et elle a eu ses premières nausées, – « C'est quand même vache, non ? » –, mais rien ne s'est passé.

Alors, elle a pris les comprimés chez elle un matin et s'est occupée en faisant le ménage toute la journée. Dans la nuit, elle a eu mal et a senti « un truc doux tomber ». Elle a pensé : « C'est ça. » Ce n'était pas le cas.

Le lendemain, elle est allée à son cours de sculpture comme tous les jeudis. Un apéro était prévu en fin de journée mais elle a prévenu qu'elle ne resterait pas, elle recommençait à souffrir et s'est confiée aux autres élèves devenues des amies.

Elles l'ont empêchée de partir et ont passé les heures suivantes à la voir blêmir au rythme des spasmes violents qui secouaient son ventre, entre deux allers-retours aux toilettes où elle se vidait.

Elle était allongée dans un coin, se retenant de « crier à la mort » de douleur sous le regard bienveillant des « sept fées » qui veillaient sur elle, avec tendresse et compréhension. Un « alien » la dévorait.

Lorsqu'elle me raconte à nouveau cette scène, deux images se télescopent dans ma tête : celle d'un animal que des humains aident à accoucher et celle d'un animal que des humains accompagnent dans la mort.

Je me rends compte que je n'avais pas prévenu Virginie de ce qui l'attendait. Avais-je égoïstement refusé d'y repenser ou m'étais-je dit que cela ne servait à rien ? Je ne le sais plus et le regrette. Peut-être cela l'aurait-il aidée.

Au bout d'un moment, elle a senti que « c'était fini ; tout était parti ». La souffrance s'est estompée jusqu'à disparaître et elle est rentrée chez elle à pied, épuisée mais « libérée ».

Nous avons beaucoup parlé les jours suivants et moins d'une semaine plus tard, malgré la tristesse et le souvenir encore vivace de la douleur, elle m'a calmement dit : « Tu sais, je préfère quand même que cela soit arrivé. J'ai enfin une réponse à cette question qui m'habitait depuis des années : "Aurais-je aimé être mère ?" Et même si la réponse est "oui", je peux accepter ce qui s'est passé car, à mon âge, ce n'est pas injuste. Ce que je ne supporte pas, moi, c'est l'injustice. »

Virginie a été malheureuse et elle l'est toujours à l'évocation de cette période de sa vie mais, deux ans plus tard, elle n'a pas changé d'avis.

Elle ajoute qu'il a été important pour elle de vivre l'expérience de la grossesse et de l'avoir véritablement ressentie dans son corps. Ce bébé a existé et cela lui fait du bien. Elle est certaine que c'était une fille.

Elle me dit n'avoir rien gardé de cette bouffée de vie qui l'a traversée. Je la trouve cependant changée et la vois faire des choses qu'elle ne faisait pas jusque-là.

Les premières sculptures de Virginie, réalisées bien avant ces événements, étaient des bustes de femmes enceintes, sans tête ni bras.

Peut-être pourraient-elles aujourd'hui en être dotées.

Eva

Je rejoins Eva pour un petit-déjeuner dans un café parisien où elle a ses habitudes. Je ne l'ai croisée que deux ou trois fois mais elle me parle sans gêne, ni retenue. Elle a la même voix que sa sœur qui est mon amie, alors j'ai l'impression de la connaître. Eva est drôle et franche. Elle a la simplicité de ceux qui ne se mentent pas.

Je vivais avec Pierre et les deux enfants que nous avions eus chacun de notre côté. Cette histoire était réconfortante, elle réparait certaines blessures du passé. Pierre était très amoureux. Un peu trop même, parfois étouffant, souvent trop jaloux. Sans vouloir me l'avouer, car cet amour me faisait du bien, je savais que c'était excessif, que je me lasserais.

Pour une raison que j'ai oubliée, mon gynécologue m'a enlevé le stérilet que je portais depuis la naissance de ma fille et j'ai passé quelques semaines sans moyen de contraception. J'avais quarante-deux ans, était-ce vraiment nécessaire ?

J'ai compris que j'étais enceinte et je l'ai annoncé à Pierre qui s'en est réjoui. Je savais son bonheur sincère mais j'y ai immédiatement perçu une façon de plus de me tenir sous sa coupe.

Quelques jours plus tard, je recevais l'appel professionnel le plus important de ma vie : la mission à l'étranger dont je rêvais depuis des années m'était enfin proposée. Elle devait commencer huit mois plus tard. Il était impensable de ne pas l'accepter, impossible de la décaler. Et, mise au pied du mur, je ne pouvais plus me le cacher : je ne voulais pas d'un enfant de Pierre.

J'étais enceinte de quelques semaines lorsque nous sommes partis à la montagne avec des amis pour les vacances de février. J'ai toujours été très flemmarde et cette semaine-là, tout le monde s'est étonné de mon enthousiasme à prendre les bosses et à descendre les pistes noires. Je me réjouissais ouvertement des gamelles, de la neige et du verglas. Intérieurement, je les implorais de m'aider.

Pierre a fini par ne pas trouver ça sérieux : « Tu devrais te reposer et rester au chalet. »

Je l'ai fait. Mais j'ai appelé mon médecin. Dans mon coin.

Je me savais déloyale mais il s'agissait de ma vie, de mon corps et de ma carrière, ma décision était sans appel et je ne voyais pas l'intérêt d'une discussion stérile qui ne provoquerait que de la colère et de l'incompréhension.

Elle a eu bon dos, cette semaine de ski !

Eva me ramène vers Annie Ernaux. Elle aussi avait demandé de l'aide à la montagne et tant espéré des chutes qu'elle avait provoquées.

Ce n'étaient cependant pas des comprimés avalés dans le cabinet d'un médecin qui l'avaient sauvée de cette situation mais des sondes introduites dans son utérus, lui arrachant des cris de douleur, et qui avaient failli lui coûter la vie.

En relisant encore une fois *L'Événement*, je me rends compte que ce livre commence devant un magasin parisien que je vois depuis la fenêtre de ma chambre.

Chloé

Chloé vit entre la France et l'Italie, en passant par l'Espagne et les États-Unis. On ne sait jamais où elle est, il faut l'attraper au vol. Comme nous n'arrivions pas à nous voir seules pendant ses passages éclair à Paris, elle m'a proposé un apéro par Skype. Nous avions chacune notre bouteille de vin et nos cigarettes. Elle en tee-shirt et moi en pull, elle m'a fait visiter son appartement madrilène avec son ordinateur et nous avons papoté, comme à une terrasse de café.

Chloé a tout envoyé balader il y a quelques années et elle est désormais heureuse et libre. Heureuse parce que libre.

La liberté, avec un grand L, c'est la grande affaire de ma vie. J'y goûte désormais tous les jours et je ne me suis jamais sentie aussi épanouie.

J'ai quarante-cinq ans et je vois se dessiner de façon quasi certaine une croix sur la maternité, mais je n'en ressens ni inquiétude, ni regret ; cette existence que j'aime tant n'aurait jamais été possible avec un enfant.

Et puis, la vie m'a déjà fait cette proposition trois fois sans que je l'accepte, je trouverais déplacé, maintenant, de le déplorer. La Liberté exige des choix assumés.

La première fois, elle avait vingt et un ans et venait de rencontrer un lord anglais.

Elle s'est réveillée cinq matins de suite en s'étonnant d'avoir si faim qu'elle en avait mal au cœur. Il était plus expérimenté et plus âgé qu'elle, il a tout de suite compris.

Ils étaient amoureux et il lui a proposé de garder cet enfant et de l'épouser. Tout cela était inconcevable pour Chloé, elle était trop jeune et une autre vie l'attendait : « Tu m'imagines dans un manoir anglais à organiser des bals de charité ? »

Elle a immédiatement pris sa décision et tout s'est très bien passé.

Cela a d'ailleurs été le cas pour chacun de ses avortements ; elle a toujours eu le sentiment qu'on la conseillait et qu'on l'accompagnait, qu'on l'écoutait sans la juger, sans la « faire passer pour une conne, ni pour une salope ».

La deuxième fois elle avait vingt-six ans, le type ne lui plaisait pas, elle l'a quitté rapidement.

Elle a réagi sans se poser de questions après avoir découvert qu'elle était enceinte : aucun projet n'était envisageable avec ce garçon et elle était encore bien trop instable et immature pour s'imaginer devenir mère.

La troisième fois, elle avait trente-sept ans. Pour tourner la page d'une histoire et d'une rupture difficiles, elle a cédé aux avances de David, un jeune sportif de douze ans son cadet. Le préservatif s'est déchiré pendant leur première nuit et elle a renoncé à prendre la pilule du lendemain après avoir vérifié que la période n'était pas à risque.

Quelques semaines plus tard, sa gynéco lui annonçait qu'elle était enceinte.

Cette décision a été beaucoup moins simple que les précédentes car elle ne s'est pas imposée à moi de façon incontournable : c'était peut-être ma dernière chance de tomber enceinte. Pour la première fois, la question se posait car j'étais à un stade de ma vie, d'un point de vue matériel et personnel, qui me permettait d'accueillir un enfant, même seule. Et puis, un truc de louve s'était réveillé en moi, je sentais quelque chose dans mon corps, j'étais différente.

J'ai décidé de prendre le temps de réfléchir mais, dans mon cheminement de pensée, s'est vite imposée la certitude que je ne pouvais pas envisager de garder cet enfant sans en parler au père, il était impensable pour moi de ne pas le lui dire.

Mais comment lâcher une information pareille ? Il avait à peine vingt-cinq ans.

Un soir, il est venu dîner chez moi et m'a raconté que, le jour où il aurait des enfants, il se ferait tatouer leurs prénoms sur le bras. Toute occasion étant bonne à prendre, j'ai lourdement sauté sur celle-là…

Cette discussion nous a alors emmenés bien plus loin que ce que j'avais imaginé. David s'est effondré en me racontant qu'il ne connaissait pas son père et qu'il en avait beaucoup souffert ; il m'a clairement dit que je briserais sa vie si je gardais cet enfant : il ne pouvait pas l'assumer mais aurait été dévasté de l'ignorer.

Le lendemain matin, ma décision était prise.

J'ai des souvenirs vagues de cette période : le cabinet du médecin avec, posés sur son bureau en bois, un verre d'eau et cette pilule que j'ai regardée pendant un moment avant de l'avaler ; les deux jours suivants, passés à la maison avec David, qui a été très attentionné ; quelques complications et la nécessité de retourner voir le médecin car l'expulsion ne s'était pas faite tout de suite ; la pensée que le bébé s'accrochait, qu'il voulait exister ; une obstination absurde à ne pas vouloir me détacher de David, tout en sachant parfaitement qu'aucune histoire n'était possible entre nous. J'ai passé les neuf mois suivants à les regarder défiler, j'étais figée. Il a fallu que je ressente le temps de cette grossesse que j'avais interrompue. Ce n'est qu'après que j'ai réussi à souffler.

Par la suite, je n'ai jamais regretté cette décision et je ne pense pas que cela arrivera un jour. Je sais que je suis là où je dois être aujourd'hui et la voie qui était la mienne ne s'accordait pas avec la maternité.

Être mère m'aurait probablement apporté mille belles choses, mais certainement pas autant qu'être libre en ayant refusé de le devenir.

VII

« Je te trouve très dure envers tes parents. Tu leur en veux de t'avoir imposé une décision dont tu prétends ne pas être certaine que tu l'aurais prise, mais ce n'est pas vrai. Tu l'avais déjà prise, ta décision, en buvant cette tisane et en sautant pour provoquer un "décrochement". »

Samia venait de lire la première version de ce livre et je l'avais rejointe dans un bar.

Ce n'est pas le vin rouge qui m'a alors donné le vertige mais l'éclatement instantané et brutal du prisme au travers duquel je revisitais, depuis près de trente ans, l'avortement de mon adolescence. Samia avait raison : on ne m'avait rien volé ; ce qui s'était passé avait très exactement correspondu à mon souhait.

Je m'étais construit un mythe autour de cette IVG et il était si solide que je n'avais même pas vu, malgré des centaines, des milliers de relectures de ce texte, la contradiction flagrante qu'il y avait à relater mes tentatives enfantines de faire passer la « chose » tout en affirmant, quelques lignes plus loin, avoir été, par manque de consultation, privée de la certitude que je ne voulais pas la garder.

Comment cela s'était-il produit ? Qui, de la culpabilité, de l'incompréhension ou du silence m'avait ainsi dupée ?

Je suis encore bien incapable d'expliquer ce souvenir parcellaire et tronqué, et je n'y parviendrai probablement jamais. Mais cela n'a plus d'intérêt.

Car il aura suffi de quarante pages, d'un verre et de la parole juste d'une amie pour que je me réveille le lendemain matin délestée d'une colère à laquelle je m'étais trop habituée.

Ces trois phrases de Samia m'avaient fondamentalement modifiée.

Tout à coup, le désordre et la confusion n'existaient plus et je pouvais me réapproprier un événement que je savais capital et fondateur tout en ayant eu, jusqu'ici, l'impression d'en avoir été tenue à l'écart. Je redevenais un personnage à part entière de cette histoire et les choses pouvaient s'aligner sans que je reste sur le bord de la route.

Tout à coup, l'adolescente de seize ans s'effaçait et la femme de quarante-trois ans pouvait désormais se pencher calmement et avec recul sur ce qui devait n'être qu'un souvenir.

Tout à coup, je pouvais envisager la recommandation de Samia, pourtant balayée sur l'instant comme absolument délirante : « Peut-être est-il temps de laisser ta mère s'expliquer. »

Tout à coup, je pouvais m'oublier et m'intéresser aux autres. Me déplacer. Finir mon projet.

Michèle

Michèle avait quarante-huit ans lorsque c'est arrivé.

Elle ne se sentait plus vraiment jeune, son corps changeait, elle se voyait changer. Elle vivait encore au quotidien son rôle de mère, sa première fille avait vingt ans, la seconde seize, mais elle percevait que la vie l'emmenait doucement vers autre chose.

Son amie Florence lui demandait régulièrement de garder sa fille de trois mois et elle s'était alors imaginée grand-mère.

Michèle se dit contre l'avortement puis se reprend immédiatement : il ne s'agit pas de juger qui que ce soit et ni la morale ni la religion n'ont leur place dans cette affaire, mais elle y voit, en France et maintenant, un échec malheureux et déplorable de la contraception.

Puisque Neuwirth a offert aux femmes la possibilité d'être heureuses et affranchies sexuellement, dans les cas où cela peut être évité, ça ne devrait pas arriver. C'est une question de responsabilité.

L'avortement est pourtant apparu plusieurs fois et très tôt dans sa vie puisque sa mère y a souvent eu recours, bien avant que cela ne soit légal. Muriel, cette femme libre et indomptable dont le charme n'avait d'égal que son égoïsme, incapable d'élever les deux filles qu'elle avait désirées.

Michèle se souvient de cette fois, elle devait avoir quatorze ans, où elle s'était retrouvée seule pendant le week-end avec le chien et sa demi-sœur de neuf ans. Muriel était partie « régler ce problème » : « Il n'y avait que du riz dans le placard et je ne savais pas le faire cuire. Je suis allée voir la voisine mais, au début des années cinquante, le riz n'était pas un aliment courant, on mangeait plutôt des pommes de terre, et elle non plus ne savait pas faire. Alors, on n'a pas mangé. »

Il n'en fallait probablement pas plus pour associer avortement, échec et responsabilité.

Michèle, en pension dès cinq ans, n'a pas été élevée par Muriel, trop occupée ailleurs, mais par Joseph, son père si aimant et tant aimé. Le chapeau démesuré de Muriel était resté coincé dans les portes tournantes de la brasserie où il déjeunait et cela avait suffi : il était tombé amoureux. Puis Muriel n'avait pas su rester, les choses avaient dégénéré et Joseph avait obtenu la garde de leur fille.

Michèle ne parle que très rarement de cette enfance qu'elle n'arrive même pas à qualifier, et elle n'évoquera qu'une seule fois avec ses filles, au détour d'une conversation et comme s'il s'agissait d'un détail, ce jour où un détective privé est venu la chercher sur une plage du Maroc où sa mère s'était réfugiée après l'avoir enlevée.

Joseph était un homme ouvert aux autres mais silencieux, presque muet, alors Michèle s'est alignée: «J'ai appris à être toujours conciliante et discrète, à ne surtout pas poser de problèmes, à ne pas déranger. Mais certainement pas à parler…»

Michèle avait quarante-huit ans lorsque c'est arrivé.

Elle a trouvé les résultats du test sanguin dans la poche arrière du jean de sa fille et elle s'est effondrée. Deux informations l'ont assaillie: sa fille de seize ans était enceinte et sa fille de seize ans n'avait pas pu le lui dire.

Elle savait bien que, depuis près d'un an, plus rien n'était pareil: sa fille leur en voulait de leur déménagement en Afrique, elle était distante, négative, sur la défensive; toute proposition était raillée, tout projet immédiatement dénigré. Michèle se sentait rejetée mais elle pensait que la situation s'apaiserait naturellement; Sandra avait seize ans…

Sandra avait seize ans et, depuis cette année-là, Michèle souffre de l'avoir perdue. Un silence mortel s'est abattu sur elles et elle s'en veut: elle n'a pas su quoi faire, elle n'a pas su quoi dire.

Lorsqu'elle a vu ce test, des dizaines de questions se sont bousculées dans sa tête: « Qu'est-ce qui lui arrive ? Qu'est-ce qui m'arrive ? Comment ai-je pu ne rien voir ? Comment devons-nous l'aider ? Avec qui puis-je en parler ? »

Elle a essayé de joindre Florence, mais Florence n'a pas répondu et elle n'a jamais osé la rappeler par la suite. Elle le regrette: plus jeune et probablement plus à l'aise avec la question de l'avortement, Florence l'aurait certainement poussée à parler avec sa fille, en l'aidant à trouver les mots.

Mais son amie n'était pas disponible et Michèle s'est tue.

Elle est restée seule et désemparée dans la grande maison qu'ils habitaient et elle a attendu qu'Alain rentre: « Nous avons un problème. »

Ils ont appelé le cabinet qui avait prescrit les examens sanguins et ils ont pris rendez-vous chez le médecin.

Puis tout s'est enchaîné, sans qu'ils soient ni conseillés, ni épaulés. Ils ont affronté cette situation seuls, avec l'unique ressource qu'ils ont su mobiliser: l'action. Ils ont organisé l'intervention, convaincus que c'était la bonne décision, persuadés qu'il leur appartenait de la prendre.

Michèle pensait que le plus important était de régler le problème, de permettre à leur fille de passer à autre chose, de ne surtout pas s'attarder.

Si Michèle y voyait un échec, ce n'était que le sien : elle seule était à juger, elle seule était à blâmer. Alors c'était à elle d'agir, c'est ainsi qu'elle pensait protéger sa fille.

Peu après, ils ont décidé de rentrer en France plus tôt que prévu, ils espéraient que la vie redeviendrait comme avant.

Espérance illusoire : leur fille aînée avait quitté la maison, la cadette a continué de leur échapper, chaque jour un peu plus dure et distante.

Quelques années plus tard, elle a décrété qu'elle ne voulait plus les voir et elle leur a imposé trois mois sans nouvelles.

Michèle s'est arrêtée de respirer mais elle n'a pas été capable de réagir ; elle est restée tétanisée.

Elle se souvient de cette période avec douleur mais vaguement de la discussion pendant laquelle, acculée par sa fille qui lui demandait des explications sur son silence lors de cet avortement, elle n'avait réussi à invoquer que sa pudeur.

Michèle ne connaît pas la colère et l'agressivité. Elle ne sait pas y répondre, elle en a peur.

Sa fille s'est enfermée dans la froideur et le ressentiment ; Michèle s'est emmurée dans la honte et la culpabilité, elle était malheureuse mais elle s'est résignée, elle a pris ce qu'elle pouvait.

Depuis quelques années, sa fille s'est adoucie et petit à petit lui redonne une place dans son existence. Ce changement s'est amorcé au moment où cette dernière est elle-même devenue mère, et Michèle en attribue l'origine à cette maternité. Elle ignore que, pendant sa grossesse, sa fille a commencé à écrire ce livre et qu'elle en a été profondément transformée.

Alain

Alain m'attend au restaurant. Il sait la discussion que j'ai eue avec sa femme et le sujet que je souhaite aborder avec lui aussi.

Il est calme et m'accueille tendrement. Comme toujours.

Puis il me demande de le laisser parler. C'est à lui, dit-il, de commencer.

« Tu as dit à ta mère que nous ne t'avions pas questionnée sur ton choix et c'est vrai. Mais nous ne pensions pas avoir à le faire.

Lorsque nous avons trouvé les analyses de sang dans ton jean, nous avons appelé et rencontré le médecin qui te les avait prescrites. Celui-ci nous a alertés : il fallait que l'on prenne vite une décision, car tu étais désemparée et tu semblais sur le point de faire une connerie en cherchant à te faire avorter par tous les moyens. Nous avons agi rapidement pour t'aider, mais surtout pour éviter que tu mettes ta vie en danger.

Et lorsque, t'ayant ramenée dans ta chambre à la maison, je t'ai dit : « C'est fait, nous n'en parlerons plus », cela signifiait pour moi que c'était un non-sujet, qu'il fallait passer à autre chose et que ça ne devait pas être grave. Cela ne voulait surtout pas dire que j'avais honte de ce qui s'était passé. Et encore moins de toi. »

Un éclair m'a transpercée ; putain de silence.

IX

Il y a quelques mois que j'ai rangé mon dictaphone et mes cahiers.

Ce travail m'a offert des rencontres d'une grande richesse et m'a permis de vérifier mon intuition quant à la diversité de nos expériences. Il m'a aussi fait avancer dans mon histoire personnelle et je perçois que tous ces témoignages m'ont menée vers ceux de mes parents. Je devais certainement les espérer sans me l'avouer lorsque j'ai initié ce projet.

Il n'a finalement pas été difficile de trouver toutes ces femmes : la majeure partie d'entre elles évoluait autour de moi, même si j'ignorais, pour certaines, ce qu'elles avaient vécu.

Elles sont bien différentes les unes des autres mais elles m'ont portée pendant plus de deux ans et je me suis nourrie de ce qu'elles avaient de commun : leur clairvoyance et leur sincérité.

Je devrais être apaisée, connaître le repos du travail accompli mais il n'en est rien. Une colère sourde résonne en moi. Je suis agitée, énervée.

Une petite voix ne cesse de me dire qu'il manque quelque chose, que ce texte n'est pas achevé.

Les phrases entendues pendant son écriture s'entrechoquent dans ma tête :

– Le pape : « Est-il licite d'éliminer une vie humaine pour résoudre un problème ? Est-il licite d'embaucher un tueur à gages pour résoudre un problème ? »

– Le Dr Rochambeau, président du syndicat des gynécologues de France : « Nous ne sommes pas là pour retirer des vies. »

Je suis obnubilée par l'histoire de cette jeune femme morte en Italie et dont les parents sont persuadés que son décès serait imputable à des médecins, objecteurs de conscience, qui n'auraient pas voulu procéder à l'IVG qui l'aurait sauvée.

Par celle, également, de cette gynécologue allemande condamnée à une amende parce que son site Internet indiquait la façon dont elle procédait à des avortements ; une loi héritée du régime nazi toujours en vigueur prohibe ce qui est qualifié de propagande, et des juges berlinois ont décidé, en 2019, de l'appliquer.

Je suis en alerte et le diagnostic finit par tomber : ma conscience féministe s'est éveillée ; elle agite mon ventre et mes idées ; se renforce avec l'affaire Weinstein et le raz de marée qui s'ensuit.

Je lis *Une chambre à soi*, *King Kong Théorie* ; retente *Le Deuxième Sexe*. Perçois que je ne suis qu'aux prémices d'une nouvelle culture et tournure de pensée. Loin de me porter, ces révélations me paralysent : j'ai voulu aborder le sujet de l'avortement par le seul prisme de la parole des femmes et je n'ai pas de discours ni même de réflexion à proposer.

Alors comment aller plus loin ?

Un soir, je cours en panique à la Maison des Métallos pour voir l'exposition que Laia Abril, une artiste espagnole, a consacrée aux dangers engendrés par le manque d'accès à l'avortement dans le monde entier. J'ai prévu d'y aller depuis plusieurs semaines, mais, comme toujours, j'attends la dernière heure pour la visiter en nage et en pestant contre moi-même.

J'y suis accueillie par les photos volontairement floues de Karina, de Savita, ou d'Ana Maria mortes au cours des années 2000, des suites d'un avortement illégal pratiqué en Pologne, en Irlande ou aux États-Unis. Par celle, bien nette, de Neil dont la femme n'a pas survécu à l'arrêt imposé de sa chimiothérapie pendant les deux mois qu'il lui a fallu pour organiser en Angleterre l'avortement que les autorités Irlandaises lui avaient refusé au pretexte que sa grossesse ne la plaçait pas dans un danger de mort « immédiate ». Par l'enregistrement d'un message laissé sur le répondeur téléphonique d'une clinique américaine pratiquant des IVG : « Vous tuez des bébés. » Par un cliché représentant les dix-sept dossiers de femmes salvadoriennes emprisonnées pour homicide en raison d'une fausse couche.

Pendant que le gardien du musée cherche à me faire quitter les lieux qui ferment, je sens les larmes de rage monter et perçois intensément la fragilité de ce qui nous a été consenti.

Je parviens alors à identifier celles qui manquent à mon projet et qui parleront pour moi.

Je lâche les sœurs, les nièces et les amies.

Et je me tourne vers nos aînées.

Annie

Annie a près de quatre-vingt-dix ans. Une de mes amies travaille avec elle au planning familial et me donne son numéro de téléphone. Lorsqu'elle sonne à la porte de mon bureau, je découvre une toute petite femme qui n'a rien de fragile et qui a les plus beaux yeux que j'ai jamais vus.

C'était il y a cinquante ans.

Le patron de mon mari nous a donné les coordonnées d'un médecin.

Nous sommes allés le voir, il m'a auscultée et nous a donné un rendez-vous le lundi suivant, à 9 heures du matin, à la sortie d'une gare en banlieue parisienne.

Le jour prévu, nous avons déposé les enfants à l'école puis nous nous sommes dirigés vers l'endroit indiqué.

Nous avons retrouvé le médecin sur le parking et il a dit à mon mari : « Vous restez ici, je vous ramènerai votre femme dans quelques heures. »

Je l'ai suivi, il m'a bandé les yeux et la voiture a démarré.

Nous sommes arrivés devant une grande maison et une femme m'a guidée vers une petite pièce au premier étage.

Elle a fermé les doubles rideaux de toutes les fenêtres, ils m'ont endormie.

Quand je me suis réveillée, ce n'était pas tout à fait fini, le médecin était toujours en train de fourrager à l'intérieur de mon vagin.

Il a terminé puis m'a fait monter à un autre étage, dans une espèce de grenier et il m'a demandé : « Où est l'argent ? Où est l'argent ? »

Cela devait être l'équivalent de cinq cents ou six cents euros, je ne sais même pas comment nous avions fait pour rassembler cette somme.

Je lui ai répondu : « Je ne l'ai pas, c'est mon mari qui l'a. »

J'étais encore dans les vapes mais il m'a alors demandé de redescendre. La femme m'a fait sortir de la maison par une autre porte que celle par laquelle j'étais entrée, elle m'a rebandé les yeux et m'a reconduite vers mon mari.

Il lui a donné l'argent, elle est repartie.

Je suis montée dans notre voiture et j'ai dit : « Ouf ! »

J'avais envie d'un croissant.

J'imagine le brouillard et l'humidité, une Peugeot couleur crème et un imperméable ; j'entends un train qui passe, les murs sont recouverts d'un papier peint à fleurs déchiré. Je suis dans un film de Verneuil.

Emmanuelle

Emmanuelle a soixante-cinq ans. Elle est une cliente de mon cabinet. Nous nous aimons bien et passons souvent beaucoup de temps ensemble dans mon bureau à parler de bien d'autres choses que de ses dossiers.

Elle m'explique qu'elle et son mari n'ont jamais voulu d'enfants, leur couple et leur intimité leur ont toujours semblé trop précieux pour risquer de les troubler. Ils aiment être tous les deux et ne souhaitaient pas que cela change.

J'ose lui demander si elle est déjà tombée enceinte.

Oui, mais bien avant de rencontrer mon mari. C'était en 1973.

J'avais dix-neuf ans et je pense que je suis tombée enceinte la première ou la deuxième fois où j'ai fait l'amour. J'ai eu l'impression de me prendre une claque en pleine figure.

J'habitais encore chez mes parents et ma mère a compris rapidement, peut-être même avant moi, ce qu'annonçaient mes nausées matinales.

Elle m'a accompagnée chez notre médecin de famille, lequel nous a mises en contact avec une association qui aidait les femmes à avorter.

Quelques jours plus tard, je montais dans un car qui faisait plusieurs escales sur sa route en direction d'Amsterdam, « ramassant » à chaque arrêt quelques jeunes filles dans la même condition que moi.

L'ambiance était calme et silencieuse ; lourde tout de même, chacune restait dans son coin et dans ses pensées.

Je garde de ce voyage un sentiment mêlé de honte et de crainte : honte d'être tombée enceinte et d'imaginer des regards réprobateurs sur moi ; crainte de ce qui allait m'arriver et de faire quelque chose d'illégal. C'était la première fois que je quittais ma petite ville de province et je me souviens que je pleurais. Pas à cause de ce que je m'apprêtais à faire, je voulais vraiment avorter, mais parce que je me sentais perdue, livrée à moi-même.

Nous sommes arrivées le soir même dans une clinique et on nous a dirigées vers une sorte de grand dortoir dans lequel nous avons passé une nuit pendant laquelle je ne pense pas avoir réussi à trouver le sommeil.

Le lendemain matin, nous sommes toutes passées les unes après les autres entre les mains du médecin qui procédait aux IVG. Le personnel médical n'était pas désagréable mais tout donnait vraiment l'impression d'un travail à la chaîne. Cette atmosphère était très étrange, totalement déshumanisée.

Après quelques heures, nous sommes remontées dans le car et j'étais chez moi avant la tombée de la nuit. J'étais tellement soulagée qu'il ne me soit rien arrivé !

Carla

Pénélope n'a pas hésité avant de me dire d'appeler sa mère : « Je suis sûre qu'elle te parlera, elle te connaît et elle est simple avec ce genre de sujet. »

Carla m'a reçue chez elle avec beaucoup de gentillesse. Elle m'a fait un thé puis elle a laissé remonter ses souvenirs.

Chassée à peine majeure par mon grand-père qui pointait un fusil sur elle parce qu'elle avait déshonoré la famille, ma mère ne pouvait pas accepter de voir l'histoire se répéter : à dix-sept ans, mon destin ne serait pas brisé par une grossesse non désirée.

Alors elle a rassemblé l'argent et trouvé une faiseuse d'anges qui nous a reçues dans le garage de sa maison.

Cette femme a glissé un petit tuyau dans mon vagin, un petit tuyau comme ceux que l'on met dans les aquariums pour donner de l'air aux poissons et je suis restée là un petit moment.

Puis nous sommes rentrées chez nous et, au bout de quelques heures, j'ai commencé à ressentir des contractions et à saigner. Ma mère avait entendu dire que si on ne saignait pas assez, les médecins pouvaient « raccrocher le bébé », alors nous avons attendu.

Elle travaillait à l'époque comme dame de compagnie et elle a installé un lit pour moi dans la buanderie, au sous-sol de la maison de son patron. De temps en temps, elle venait me voir et elle me demandait de ne pas crier, il ne fallait pas qu'on m'entende, personne ne devait savoir que j'étais là. La douleur et les saignements s'accentuaient, je souffrais, je grelottais. Au bout de deux jours, ma mère a eu peur et elle a appelé une ambulance qui nous a emmenées à l'Hôtel-Dieu.

Une grande pièce commune, la rudesse des bonnes sœurs, un curetage sans anesthésie, la fièvre, la douleur et les frissons ; mes souvenirs sont vagues. J'y ai rarement repensé.

Je n'en ai presque jamais parlé.

Elsa

« Bonjour, Elsa, Simon m'a dit qu'il t'avait parlé de mon projet de livre sur l'avortement et il m'a suggéré de t'appeler, que tu aurais peut-être des choses à me raconter. Cela t'est-il arrivé ?

– Non, ma chère Sandra, cela ne m'est pas arrivé : j'ai fait en sorte que cela m'arrive. Mais je serai ravie de t'en parler. »

Malgré l'immense tendresse qui nous unit autour de son fils adoré de toutes deux, Elsa m'a toujours beaucoup impressionnée. Ce simple échange n'a pas dissipé l'appréhension qui se mêlait à mon impatience de l'interroger. Je l'ai retrouvée chez elle un matin d'hiver ensoleillé. Elle m'a raconté ce que Simon avait peut-être pressenti.

Une enfance très belle, et une adolescence brisée par la mort accidentelle d'une mère lumineuse et adorée ont fait de moi une jeune fille complètement déboussolée et perdue, mais extrêmement joyeuse et fêtarde. J'avais tellement envie de vivre que je faisais n'importe quoi, je sortais toutes les nuits. Il fallait toujours qu'il se passe quelque chose.

Ma seule certitude était que je devais m'installer à Paris. Je ne savais pas quoi faire de ma vie, mais quitter le Pérou pour la France, c'était déjà une activité fondamentale, une sorte d'engagement, une profession de foi.

J'aimais les excès et les tourbillons mais, heureusement pour moi, un bon génie intérieur m'a toujours rappelée à l'ordre au moment opportun, avant que les choses ne dégénèrent. Quand j'ai vu que je fumais trop de joints et compris que les étapes à venir ne pouvaient pas être jolies, j'ai décidé de partir. J'avais aussi besoin de quitter cette maison où j'étouffais, de commencer à vivre ma vie.

Comme je n'avais pas assez d'argent pour aller en France, j'ai choisi le Chili. Je pouvais y suivre les études de théâtre qui me plaisaient et l'excitation politique qui y régnait stimulait tout autant mes convictions personnelles que mon attirance pour les militants engagés.

Marcelo était gentil, intello et connaissait l'Europe, ça suffisait : quelques mois plus tard, j'avais vingt et un ans, j'étais enceinte et Simon naissait.

Les premiers temps ont été très durs. J'avais vécu ma grossesse dans une sorte d'euphorie égocentrique et je n'avais aucune idée de ce que c'était que d'avoir un enfant. Lorsque j'ai vu cette petite chose détachée de moi, je me suis demandé : « Et maintenant, qu'est-ce que je fais ? » J'étais terrorisée, ça m'a énormément secouée.

Petit à petit, cependant, j'ai accepté ce rôle et c'est devenu très beau. Mais la maternité s'est accompagnée d'un réveil de la conscience : je me suis séparée de Marcelo et j'ai réfléchi à ce que je voulais faire et à comment je voulais le faire. Devenir mère m'a forcée à me centrer et à me projeter.

La même année, le coup d'État éclatait au Chili, le couvre-feu, les camions, les corps... J'ai dû ruser pour échapper aux deux militaires venus m'arrêter suite à la dénonciation délirante d'un voisin qui avait prétendu que j'étais cubaine. Quelques jours plus tard, j'étais à l'ambassade du Pérou avec mon fils sous le bras et un sac contenant quelques-uns de ses jouets pour unique bagage.

Je suis rentrée chez mon père et, sans que je ne m'en rende compte, la vie a recommencé comme avant : j'ai retrouvé les copains, je me suis remise à sortir, à m'amuser, à faire la fête. La journée, j'écrivais des slogans publicitaires pour payer mon billet pour l'Europe ; la nuit, je dansais.

Puis j'ai rencontré Esteban, un garçon adorable, bourré de qualités. Il était très amoureux et d'une bonté immense envers Simon. J'ai accepté que nous nous installions ensemble, sans vraiment réfléchir. Mais je n'étais pas du tout amoureuse et je m'ennuyais à mourir.

Lorsque j'ai compris que j'étais enceinte, je me suis dit : « Tu es foutue ! »

Je me suis imaginée avec cet enfant et j'ai vu très précisément à quoi ressemblerait ma vie si je le gardais : la famille, la maison, le double garage et les chiens. Tout me donnait envie de fuir. J'ai même eu une vision des enfants complètement drogués vers quinze ans, comme dans ces scénarios qui décrivent une bourgeoisie dégénérescente où tout commence de façon enchanteresse avant de dégringoler.

L'IVG était illégale au Pérou – elle l'est toujours d'ailleurs –, et j'ai pensé que ce serait très compliqué d'avorter. Mais j'appartenais à une classe sociale où le bouche à oreille donne accès à ce genre de réseau, alors ça s'est fait simplement et de façon très sûre. Dans un autre milieu, j'aurais été mise en contact avec le type qui te met un bâton dans le vagin…

Je suis allée dans une clinique cachée derrière la façade d'une maison de ville. Le lieu n'était pas sinistre mais les gens qui m'ont reçue manquaient considérablement d'empathie.

Lorsque j'ai demandé au médecin si ça allait me faire mal, je me souviens qu'il m'a répondu cette chose horrible : « C'est aussi compliqué que l'extraction d'une dent. » J'ai trouvé cette comparaison affreuse et bête : il n'avait aucune idée de ce que je ressentais et, même si ce n'était pas mon cas, prendre le risque de répondre cela à une personne qui pouvait souffrir de cette décision était odieux. Et ce n'était pas une dent ! C'est d'ailleurs lui, en prononçant cette phrase, qui m'a poussée à réfléchir à cela, alors que je n'en avais aucune envie.

Pour moi, cet avortement n'était pas grave et je n'avais aucune préoccupation morale quant à l'acte lui-même, mais il n'était pas anodin non plus. Je le percevais comme la punition d'avoir été trop inconsciente, trop folle. Je m'étais promis plein de choses au moment où j'étais véritablement devenue mère mais, petit à petit, en rentrant au Pérou, je m'étais laissée aller. Je n'avais pas tenu parole.

J'ai détesté me retrouver là, à ne rien maîtriser et à dépendre de ces personnes qui me regardaient sans considération et de façon méprisante. À leur manière de me parler, je sentais leur jugement, j'entendais : « Encore une, elle l'a bien cherché ! » C'était extrêmement désagréable et infantilisant.

En sortant de la clinique, Esteban m'attendait dans sa Coccinelle.

Je l'ai regardé et j'ai éprouvé un sentiment de liberté inouï.

Quelques mois plus tard, Simon et moi regardions le continent américain s'éloigner depuis le pont d'un bateau transatlantique.

Danièle

« Ça m'intéresserait qu'elle te raconte, elle a toujours refusé de m'en parler », me répond Laurence lorsque je lui demande si je peux appeler sa mère.

Danièle décroche et me parle tendrement mais elle ne souhaite pas que l'on se voie pour évoquer « cette histoire d'avortement ». Elle n'a pas envie de remuer le passé, ne perçoit pas ce qu'il y aurait à en dire. La conversation dure cependant un moment. Petit à petit, elle me livre ce récit.

Ça devait être en 1965, j'avais environ vingt ans.

Fabrice et moi étions amoureux mais nous démarrions notre vie. Il habitait encore chez ses parents et commençait à peine à travailler. Il n'était pas vraiment possible de garder cet enfant.

Fabrice voyageait beaucoup et je me suis retrouvée seule à gérer ce problème, à chercher une « adresse ».

Des amies m'ont trouvé les coordonnées d'une femme que j'ai contactée et qui m'a donné rendez-vous dans son appartement.

J'ai pris le métro seule à Saint-Lazare et je me suis retrouvée chez elle, dans une HLM à Argenteuil. Je ne savais pas qui elle était, ni ce qu'elle faisait comme métier mais elle avait un spéculum et avait l'air de s'y connaître, ça suffisait.

Elle m'a demandé l'argent puis elle a mis des serviettes éponge sur son lit et m'a montré de petits cônes dans une matière qui ressemblait à du papier buvard. Elle m'a expliqué qu'ils dilateraient mon utérus et que cela provoquerait des saignements entraînant une fausse couche. J'avais redouté les aiguilles à tricoter, ça m'a soulagée.

Quelques jours plus tard, il ne s'était rien passé alors je suis retournée la voir et elle a recommencé, avec un cône un peu plus grand.

Je suis rentrée chez moi et, dans la journée, l'hémorragie commençait. La femme m'avait dit que ce serait comme des règles abondantes mais là, c'était beaucoup plus impressionnant et douloureux, ce n'était pas normal.

J'ai tout de suite appelé mon gynécologue. Il a compris ce que j'avais fait et il a immédiatement programmé une intervention sans me poser de questions. Je suis allée à la clinique, ils m'ont fait déshabiller, monter en salle d'opération et ils ont procédé à un curetage. J'ai été accueillie très calmement et je n'ai senti aucun jugement, ni de la part de mon médecin, ni de la part des infirmières. Je sais que j'ai eu de la chance.

Ça me semble fou maintenant, mais je n'ai pas le souvenir d'avoir eu peur pendant ces quelques jours.

Je faisais ce que je devais faire, il n'y avait pas de place pour d'autres pensées.

Manon

Je suis coincée dans les embouteillages avec Manon et je lui raconte Elsa, Gabrielle et Annie. Nous parlons de la cruauté de cette époque envers les femmes, du boulot qu'il reste à accomplir, de nos grands-mères et de nos mères.

Un souvenir lui revient au sujet de la sienne :

Ma mère avait trente-quatre ans lorsqu'elle est tombée enceinte peu après ma naissance en 1969.

Ayant eu des difficultés pour m'avoir, treize ans après ma sœur, cette troisième grossesse était inespérée.

L'embryon n'a cependant pas tenu et elle a fait une fausse couche au bout de quelques semaines.

Lorsqu'elle a commencé à sentir les premiers saignements, elle est immédiatement allée à l'hôpital. Sans lui parler, ni même la regarder, le gynécologue qui l'a reçue lui a imposé un curetage sans anesthésie.

La douleur ressentie et la froideur de cet homme l'ont traumatisée.

Elle a tout de suite compris ce que ce monstre s'était imaginé.

VIII

Chantal

Je vais voir au théâtre la reconstitution du procès de Bobigny. J'y apprends que Michel Rocard, Delphine Seyrig ou encore Simone de Beauvoir y ont comparu comme témoins de moralité afin de participer au déplacement de la mise en accusation des inculpées vers celle de la loi prohibant l'avortement, c'est passionnant. La plaidoirie de Gisèle Halimi me fait frissonner et je passe la nuit sur Internet à lire des articles sur cette affaire.

À l'occasion de ces pérégrinations nocturnes, je découvre l'existence du MLAC (Mouvement pour la liberté de l'avortement et de la contraception) au sein duquel, au cours des années soixante-dix, les militants, essentiellement des femmes issues de la société civile, se formaient entre eux à la pratique des avortements clandestins en utilisant la méthode Karman, simple et presque sans aucun danger pour les femmes.

Plusieurs articles de journaux mentionnent Chantal au nombre des personnes qui ont milité au MLAC.

Elle était alors une jeune sage-femme et elle pratique toujours cette profession.

Je trouve facilement le numéro de son cabinet et elle accepte de m'y recevoir.

Elle a deux heures à m'accorder, me prévient-elle en m'accueillant: «J'ai rendez-vous à la manifestation contre l'antisémitisme.» Puis elle me tutoie et me demande d'en faire de même.

Ce qu'elle me raconte est passionnant: la création du MLAC et le militantisme; l'avortement illégal qu'un médecin en formation a accepté de pratiquer sur elle sous la supervision d'un titulaire pendant une nuit de garde lors de laquelle elle a commencé à sentir les contractions en même temps que la femme qu'elle aidait à accoucher; l'incidence de la contraception et de l'avortement sur la sexualité des femmes et leurs rapports avec les hommes; son métier de sage-femme...

Je suis tout à la fois fascinée par ce que j'entends et inquiète à l'idée de ne pas réussir à exploiter les propos de Chantal à leur juste valeur. Je bois ses paroles et tiens mon dictaphone dans ma main comme s'il s'agissait d'un trésor... jusqu'au moment où je me rends compte que je ne l'ai pas enclenché.

Je suis sur le point de me décomposer. Cet entretien est le dernier que je mène, il a débuté depuis plus d'une heure, il est d'une richesse inouïe et il n'en restera rien.

J'hésite à l'avouer à Chantal pour lui demander de recommencer, à partir en courant de honte, ou à hurler.

Chantal ne remarque rien et elle continue de parler.

Puis, tout à coup, malgré le bourdonnement qui résonne dans ma tête, je l'entends prononcer la phrase qui va me sauver. Une phrase si belle qu'elle anéantit toutes celles que je n'ai pas enregistrées et qui va jusqu'à justifier ma bêtise puisqu'il faut l'isoler pour finalement ne garder qu'elle.

Celle que j'attendais pour clore ce récit :

« Entre la vie et la mort, les femmes choisiront toujours la liberté. »

Chère Madame Veil,

Sans vous, j'aurais trois enfants, dont deux que je n'aurais pas désirés, et la vie ne m'aurait probablement pas apporté tout ce que je chéris dans mon quotidien familial, professionnel ou amical.

Sans vous, plus de 200 000 femmes seraient mortes à ce jour des suites d'un avortement clandestin.

Sans vous, où en serait aujourd'hui le combat féministe et notre place dans le monde du travail, politique et économique ?

Comment pourrais-je vous témoigner autre chose que de la pure reconnaissance ?

Ce livre va être publié et mon éditrice me demande d'écrire une conclusion, mais je n'y arrive pas.

Je ne souhaite y tenir qu'un seul propos : la parole autour de l'avortement doit être libre et accessible pour déculpabiliser les femmes et renforcer un droit qui ne pourra jamais être acquis tant que la société exigera de celles qui l'exercent qu'elles s'en repentent. Depuis le début de ce travail, je me refuse donc à la moindre opinion sur tout ce que j'entends. Je n'ai rien à en dire. Je m'efforce de n'être qu'une passeuse de mots et d'émotions. Comment pourrais-je bien conclure une telle démarche ?

À bout d'idées, comme je peux l'être d'arguments dans mon métier d'avocate, je recours alors à l'esprit de la loi, aux débats parlementaires ayant abouti à la dépénalisation de l'avortement, et je me replonge dans votre célèbre discours introductif.

« Aucune femme ne recourt de gaieté de cœur à l'avortement. Il suffit d'écouter les femmes. C'est toujours un drame, cela restera toujours un drame. » Combien de fois ai-je lu ou entendu cette phrase avec émotion sans déceler ce qu'elle comportait de dangereux ?

En vous tenant si droite et si courageuse devant cette « assemblée presque exclusivement composée d'hommes » pour défendre un texte qui allait changer nos vies, n'avez-vous pas introduit le ver dans la pomme ? N'avez-vous pas scellé le destin de la femme ayant recours à l'IVG qui, bien qu'agissant grâce à vous dans la légalité, resterait condamnée à en souffrir ?

Peut-être n'aviez-vous pas le choix. Tout comme la durée initialement limitée de votre loi ou l'inclusion de l'état de nécessité de la femme pouvant bénéficier d'une IVG, sa souffrance était probablement une autre garantie à offrir au législateur pour le convaincre de vous suivre.

Les deux premières ont aujourd'hui disparu du texte de loi, la dernière n'en finit pas de s'incruster dans la société.

Alors pour la combattre, je décide de ne garder qu'un bout de votre phrase comme si vous me l'aviez soufflée à l'oreille : « Il suffit d'écouter les femmes. »

Je voudrais remercier :

Anne, Alain et Michèle pour leur amour et leur humour qui résistent à toutes les turbulences ;

Côme, sans lequel je n'aurais jamais osé initier ce projet ;

Simon, qui ne m'a pas lâchée pour que je l'achève et qui m'a offert des après-midi merveilleux à relire et à réfléchir ensemble à chacune des lignes de ce livre ;

Annabelle et Frédérique qui ont hébergé ce travail, mes doutes et mes hésitations, et qui les ont accompagnés de discussions réjouissantes, de disputes savoureuses, d'éclats de rire et de cerises ;